ジェイムズ・ホルスタイン　ジェイバー・グブリアム
James A. Holstein　Jaber F.Gubrium
山田富秋・兼子 一・倉石一郎・矢原隆行訳

The Active Interview

アクティヴ・インタビュー

相互行為としての社会調査

◉インタビューとは何だろうか？　これまではインタビュアーだけに焦点がおかれ、回答者から信頼性と妥当性をもった情報を引き出すことだけが問題にされてきた。
◉本書、『アクティヴ・インタビュー』は、インタビュアーだけでなく、回答者自身もインタビューというアクティヴな相互行為に参加しており、両方とも「ナラティヴ＝物語」の協同制作者であることを明らかにする。社会構築主義的なインタビュー論として、理論的な問題をカバーするだけでなく社会調査の実践に最適な入門書。

せりか書房

アクティヴ・インタビュー　**目次**

日本語版へのまえがき――ジェイムズ・A・ホルスタイン／ジェイバー・F・グブリアム

社会調査におけるインタビュー法は、この一世紀半以上にわたって長く用いられてきた。イギリスで社会調査を行ったヘンリー・メイヒューは、一八四〇年代にロンドンの「身分の低い階級［労働者階級］」[1]に対してインタビューを実施したが、それは「人々自身の口から発せられた」ことばを通して、彼ら自身の生活や労働についての情報を獲得するためであった。一九二〇年代においては、アメリカで社会調査を行ったクリフォード・ショウ[2]が、ライフストーリー・インタビューの方法を使って、スタンリーという一人の非行少年の語る「自分自身の物語」を収集しようとした。その研究の目的は、既成概念や一般に流布した理解によって汚染されることなく、彼の犯罪の体験を彼自身のことばで表現するためであった。その十年後に都市民族誌家（アーバン・エスノグラファー）のウィリアム・フット・ホワイト[3]が、イタリア系アメリカ人のスラムに居住する青年たちのうち、「コーナー・ボーイズ（街路に住む少年たち）」と「カレッジ・ボーイズ（大学生）」の物語を提示した。ホワイトが生き生きと描いた彼らのコミュニティは、当時の支配的な意見に反して、連帯感の強い濃密な社会組織が存在する有力な証拠となった。見てきたように、調査の対象者自身から、人為の加わらない、自然で生き生きとした情報を獲得しようとする目標は、何十年も昔と同じように現在でもまだ強く持続している。

　第二次世界大戦後の情報処理テクノロジーの急速な進展とともに、サーベイ調査で用いられるインタビュー法も本領を発揮するようになった。サーベイ調査におけるインタビュー法の役割とは、大きな母集団から抽出した多くの標本について、彼らの意見を収集することであった。そしてその際の目的は、人々の考え方や感じ方、そして行為に関する説明を拡大し、深めることにあった。そして到達点として掲げられていたのは、昔と同じように、できるかぎり生き生きとした情報を獲得することであり、その際には、調査者やインタビュアーのそれに関わる感情は厳密に中立性を保つことが目指された。確かにサーベイ調査のインタビュー法によって莫大な量の情報が収集されたが、この技法の性格からして、かつてのライフストーリーのインタビュー法の成果と比較すれば、収集された人々の経験はむしろ内容に乏しく、浅薄なものであった。それにもかかわらず、サーベイ調査のインタビュー法を導く操作原理は昔と変わらず同じものだった。すなわちそれは、回答者の経験という自然な事実に焦点を定め、それを調査活動の経験から得られた事実と切り離しておきなさいという原理である。

最近の数十年のあいだに、こうした自然主義的なアプローチからの劇的な転換が起きてきた。確かに生き生きとした社会的事実を収集すること自体には非難が向かっていないものの、社会調査に携わる者のあいだで、社会的事実を扱うときに、これまでよりもずっと理論的で自己言及的な態度が採用されてきたのである。たとえ、社会的事実が「人々自身」から由来したとか、あるいは「人々自身の口から発せられた」、さらには彼ら「自身の物語」として記述される場合であっても、いまやそれは協同的に達成されたものと考えられるようになったのである。すなわち、それらがどれほど生き生きしていようと、それは回答者と調査を行うインタビュアーの両方がコミュニケーションを通して、そのように生き生きしたものとして産出したのである。こうして、インタビューを行うことが、インタビューに参加するすべての人々によってアクティヴに利用される情報収集の方法として理解されるようになってきた。今日ではもはやインタビューは単純で容易なデータ収集活動と考えられることはほとんどないだろう。こうしてインタビューが「アクティヴ」なものであるという意味合いを獲得することによって、インタビューを行う調査者と回答者という表面的な役割の背後で、さまざまなアイデンティティを取得して活動する主体とは一体どのようなものなのかを、インタビューに参加する人々の視点から考察する道が開かれたのである。

私たちが考案したアクティヴ・インタビューという概念をここで再考してみれば、また、過去十年にわたって、多くの読者にこの概念がどれだけよく浸透していったかを考えてみれば、ここで私たちの出発点が独創性に満ちたものであったことを強調してもかまわないだろう。アクティヴ・インタビューとはひとつの研究道具ではない。むしろ私たちはそれがすべてのインタビューの顕著な特徴であること、つまりインタビューが相互行為を通したアクティヴなものであることを示す用語として使いたい。アクティヴ・インタビューということばは、わたしたちがもともと作った造語なので、ある読者はそれを「不活発な、つまりアクティヴでないインタビュー」とでも呼ばれるものと比較して、それとは別個のものとして、アクティヴ・インタビューを扱いたくなる誘惑にかられるかもしれない。実際、アクティヴ・インタビューという概念によって、一世紀にも及ぶ社会調査の実践が導入してきた方法論に関する訓告から解放されて、あらゆる種類の表面的なデータ収集活動やデータ分析活動において、このようなことが起こっていることは不幸なことと言わねばならない。ここでもう一度私たちが最初から主張してきたことを繰り返すことは重要なことだろう。すなわち、相互行為的な解釈活動はあらゆるインタビューと分かちがたく結びついているのである。

さて、このようなメッセージを日本語で日本の読者に送ることができるのはきわめて大きな喜びである。インタビューとインタビューから得られる情報についての概念や、それに関連した議論が、いまや日本という別な調査文化において、方法論や分析をめぐる洞察の対象となろうとしている。このような文化を超えた議論によって、私たちの提示した議論はこれまでよりももっと批判的に検討される機会に恵まれるだろう。わたしたちはこうした交流や対話が今後なされることを期待しよう。そして本書を日本語に翻訳することによって、このような対話を可能にした、山田富秋、兼子一、倉石一郎、そして矢原隆行の各氏に深い感謝を表明したい。

訳注

1　一八四〇年代当時、労働者に自らを語る資格があると見なされていなかった点については、本書の3章の議論を参照せよ。

2　クリフォード・R・ショウ　Clifford R. Shaw "The Jack-Roller: A Delinquent Boy's Own Story", University of Chicago Press, 1930. 玉井真理子・池田寛訳『ジャック・ローラー――ある非行少年自身の物語』東洋館出版社、一九八八年。

3　ウィリアム・F・ホワイト　William Foote Whyte "Street Corner Society: The Social Structure of an Italian Slum", University of Chicago Press, 4th edition, 1993（原著出版は一九四三年）。奥田道大・有里典三訳『ストリート・コーナー・ソサエティ』有斐閣、二〇〇〇年。

アクティヴ・インタビュー

相互行為としての社会調査

1　はじめに

インタビューが現代の生活のさまざまなことを知る手段として、どれほど役立っているか考えてみよう。ラリー・キングは、大統領や政界の黒幕たちのところへ連れて行ってくれるし、バーバラ・ウォルターズは芸能界の有名人たちの感情のヒダに分け入ってくれる。オプラ、ジェラルド、ドナヒューたちは、普通の人々はもちろん、辛酸をなめた人々や変わった人たちを連れてきては、家庭でテレビを見ている何百万人の人たちの前で、彼らの心のすべてをぶちまけさせるのである。あるいはまた、友人や専門家を連れてきて、テレビや新聞に「O・J・シンプソンの物語」を語らせる。

私たちはいわゆる「インタビュー社会」（Silverman, 1993）と呼ばれるようになった社会に暮らしている。メディアだけでなく、対人サービスを職業とする者や社会科学の研究者たちもまた、インタビューによって情報を得ることがますます多くなってきている。ある者の概算によれば、すべての社会科学的調査の九〇パーセント以上がインタビューデータを利用しているという（Briggs, 1986）。インタビューは体系的な調査の普遍的なやり方になっているようだ（Hyman, Cobb, Feldman, Hart, & Stember 1975）。というのも、社会学者、心理学者、文化人類学者、精神科医、臨床家、管理者、政治家、世論調査員、権威者たちがみな、インタビューを「世界の窓」とみなしているからだ。

他人の感情や考え、あるいは経験に関心のある者は一般的に、彼らに適切な質問をしさえすれば、他人の「現実（リアリティ）」が自分のものになると信じている。スタッズ・ターケルは、社会学者としてジャーナリズムの頂点に立った人物だが、人々にしてもらうのは、ただテープレコーダーに向かって話してくれと頼むだけだと言っている。仕事をめぐる人々の態度と感情についてのすばらしいインタビュー研究のなかで、ターケルはつぎのように述べる。

わたしは、もちろん質問した。でもあくまでも自然にさりげなく、それも最初のうちだけ。たとえば、人と一杯やりながらするような質問、相手のほうからでも出そうな質問にかぎった。会話はごくふつうにした。ぜったいにアカデミックにはしなかった。いわゆる、おしゃべりだった。すると次第に、しっかりととじこめてあった痛みや夢の水門が開かれていった。（邦訳、三二頁）

こうしたものの言い方は控えめに見えるが、タークルのインタビューのイメージは社会科学にも浸透している。それはインタビューの中に本当の事実や感情が存在しているという「期待」である。もちろん、社会科学には高度に洗練された技術があり、そのおかげで調査者は質問の方法がわかり、どれが聞いてはならない種類の質問なのか知ることができるだけでなく、質問をする順番や、データを損なう恐れのある誤った言い方を避けることができる（Fowler & Mangione, 1990 ; Hyman et al., 1975）。しかしここでも根底にあるモデルはタークルが非常に巧みに表現したのと似たようなものである。

社会科学的な「期待」を抱く研究者は、インタビューとは、そのなかを探って必ず何かを発見すべきものというイメージから逃れられない。つまりインタビュアーは、すすんで協力してくれる回答者にも、非協力的な回答者の中にも、最初からそこにあるものを発見しようと努める。ここでうまくいくかどうかは、情報をできるだけダイレクトに取り出すことができるか、にかかっている。インタビューの技術が高度に洗練されたおかげで、このプロセスは合理化され、標準化され、不要な部分は削除されている。ところが、どれほど方法を洗練しても、こうした技術は、この情報がどこからもたらされるのか、そしてそれはどうやって引き出されるのかという、もっとも根本的な認識論的問題を無視しているのである。

社会科学の調査者は、人々に自分の生活を語ってもらうことで、そこから膨大なデータを引き出してくる。つまり、結論や発見、あるいは情報は会話がもたらしてくれるのである。社会科学では、高度に構造化され、標準化された量的調査によるアンケートのインタビューから、それよりも多少形式を無視した誘導的インタビューや、自由気ままな会話に至るまでのさまざまな会話があるにしても、すべてのインタビューに共通しているのは、こうした会話が相互行為的な出来事であるということである。インタビューで得られたナラティヴ（物語）は、選択肢の決まったアンケートの回答では省略されるかもしれないし、あるいは生活誌（ライフヒストリー）のように詳細なものになるかもしれない。しかし、いずれにせよ、インタビューのナラティヴは当該の状況における、インタビューの参加者による会話の産物なのである。

調査者の多くはインタビューを社会的相互行為と見なしている。ところが、インタビュー方法と技術に関する書物が一様に提唱するのは、回答者が知っていることをできるかぎり誤って伝えないようにする一方で、回答者から妥当性と信頼性のある情報を最大限に引き出すことだという（Gorden, 1987）。したがって、インタビューの会話は、できればないにこしたことはないにせよ、可能性としてはバイアスや間違いや誤解に満ちたもの、つまり恒常的な問題群として考えられている。そしてこの修正方法は単純明快である。つまり、インタビュアーが適切な質問をしさえすれば、回答者はこちらが望むような情報を話してくれるというのである。

しかしながら、このアプローチはインタビューの会話をつねに情報を伝達するパイプラインとして見なしている。社会調査における近年の「言語論的転換 linguistic turn」によって、ポスト構造主義者やポストモダンの論者、あるいは社会構築主義者やエスノメソドロジーの視点と関心を共有しながら、こうしたアプローチの前提とする情報の獲得方法自体が、はたして可能であるのかどうかに疑問が投げかけられた。主張の仕方は異なっているが、これらの立場は共通して、意味が社会的に構築されるものであると主張する。つまり、あらゆる情報はその情報を獲得するためになされる行為から作り出されるものである、と。この主張はさらに、情報として通用していくものは、それ自体相互行為の産物であるとする（Cicourel, 1964, 1974; Garfinkel, 1976）。こうして、インタビューの行為を社会的な出会いと見なすと、私たちはすぐにつぎのような可能性に気づく。つまり、インタビューは単なる無色透明な行為でもないし、情報が歪曲される原因でもない。むしろそれは報告できる情報それ自体を産出する場所なのである。

社会言語学者のチャールズ・ブリッグス（Charles Briggs, 1986）は、インタビューがなされる社会的状況は、回答者が彼らの独特の真実を表現するための障壁であるどころか、他のさまざまな発話の出来事と同じように、その表現の形式と内容とを必然的に、そして根本的に構築するものであると主張する。アーロン・シクレル（Aaron Cicourel, 1974）はさらに進んで、インタビューという行為を通して、ある特定の現実理解の方法が対象者の回答に対して実質的に押しつけられると主張する。ここから得られる教えは、インタビューという行為が、一般的には回答者の内部にあると思われている意味それ自体を作り上げることに、深く、しかも不可避的に関わっているということである。

シクレル（1964, 1974）はさらに、典型的なインタビューのやりとりを理解するために、洞察力のある微妙な示唆を行っている。ブリッグス（1986）もまた、質問と回答のやりとりがある文脈（コンテクスト）を提供すると同時に、文化的に共有された暗黙の理解や当該状況でなされる言語実践に依存していることを認めた上で、回答者にとって適切で意味のある質問をする方法にとりわけ注目する。エリオット・ミシュラー（Elliot Mishler, 1986, 1991）は、調査インタビューが文脈や語りの内容（ナラティヴ）によって複雑になることを示して、ナラティヴそれ自体が文化的であると示唆している。彼らはみな、インタビュアーと回答者が実際に伝達する意味を、もっとよく理解しなければならないと指摘する。それによって、誤解やまちがった解釈を避けることができるだけでなく、解釈それ自体をひとつの社会的構築物として考え直すことができる。

ここで指摘したことは、典型的なインタビューのアプローチに重要な洞察をもたらす。すなわち、インタビューに参加するインタビュアーも回答者も両方ともに、必然的にそして不可避的に「アクティヴ」であるということだ。つまり、どちらも意味を作り出す作業に関わっている。そうなると、意味は適切な質問によって引き出されるとしたり、意味が回答者の回答から運ばれてくる、といった単純な図式は成りたたなくなる。むしろ意味は、インタビューにおけるインタビュアーと回答者の出会いにおいて、両者が積極的に関わり、コミュニケーションを行うことを通して組み立てられていくものである。回答者とは、これから発掘されるのを待つ情報の宝箱といった比喩にふさわしい情報の収納庫というよりはむしろ、インタビュアーと協同で知識を構築していく者のことである。

本書の主張は、インタビューというものは解釈作業を伴う「アクティヴ」なものであり、インタビュアーと回答者の両方の側の意味を作り出す作業を、必然的に含んでいるということである。私たちの主張は、もしインタビューのデータが不可避的に協同的な産物であるとしたら（Alasuutari, 1955; Holstein & Staples, 1992）、インタビューから相互行為の要素を抜き取ろうとする努力はむだなものになるということだ。私たちはインタビューを遂行する際の方法を限定する長いリストにさらに何かを付け加えるのではなく、もっと肯定的なアプローチをとる。つまり、インタビュアーと回答者が協同で知識を構築することに貢献していることを認め、それを意識的にかつ良心的にインタビューのデータの産出と分析に組み込んでいこうという提案である。

本書が提示するのは、さまざまな方法の一覧表ではなく、むしろ、それほど明示的ではないが、ひとつのインタビューの理論であり、ひとつの視点である。私たちは「アクティヴ」なインタビューがある独立した調査の道具であるとは言っていない。むしろ私たちがこの用語を使って強調したいことは、あらゆるインタビューが、気づくか気づかないかには関係なく、現実を構築し意味を作り出す場面になっているということである。ここで提示するのは社会構築主義的なアプローチである（Berger & Luckmann, 1967; Blumer, 1969; Garfinkel, 1967を参照）。このアプローチは、社会調査にとって、意味を作り出すプロセスが、そこで作り出される意味と同じくらいに重要であると考える。言い換えれば、意味を作り出すプロセスが、インタビューの中でどのように展開するか、その「方法（how）」を理解することは、そこでの実質的な質問や回答の「内容（what）」を理解するのに決定的に重要だと考える。もちろん、そこでの「方法」とは、ただ単にインタビューの技術ではなく、知識が産出される相互行為的なナラティヴのプロセスを意味する。「内容」とはインタビューを導くテーマや、質問内容、それに回答者によって伝達される実質的な情報に関するものである。私たちは、意味の産出の「方法」と「内容」という二重の関心について、本書を通じて何度も立ち返るだろう。

私たちの立場が、エスノメソドロジーやそれに関連したアプローチに影響を受けていることは明らかだ（Garfinkel, 1967; Heritage, 1984; Pollner, 1987; Silverman, 1994参照）。多くの重要な点で、この立場は一群のフェミニズム研究者たちによってなされた方法論的批判と再評価に共鳴しあうものである（DeVault, 1990; Harding, 1987; Reinharz, 1992; Smith, 1987参照）。

エスノメソドロジー、社会構築主義、ポスト構造主義、ポストモダニズム、そしてある種のフェミニズムは、それぞれ別々な方向からだが、主観、複雑性、視点、そして意味の社会的構築に結びついた問題群にみな関心を持ってきた。こうしたアプローチは確かに貴重なものであり、さまざまな洞察をもたらすのはもちろんだけれども、生きられた体験の「内容」を犠牲にして、社会的プロセスの「方法」だけを強調しがちである（Cf. Williams, 1958/1993）。私たちはここで「方法」と「内容」とのバランスをはかりたい。なぜなら、社会構築プロセスを研究する際に、方法だけでなく、実質的な内容の重要性をもう一度取り戻したいからだ。確かに社会構築がひとつのプロセスであることを力説すれば、インタビューから得られたデータが認識論的にどのように位置づけられるのかをめぐって、議論や関心が高まるのは当然だろう。しかしながら、それでもなお、インタビューにおいて質問された内容と、それに答えて回答者が伝えた内容とを、しっかりとたどることが重要である。「方法」に対してあまりにも狭く焦点化してしまうと、「内容」の重要性が排除されてしまう。意味と文化的なデータである「内容」は、質問したり質問に答えたりする作業、つまり、カルチュラル・スタディーズの批評家であるポール・ウィリス（Paul Willis, 1990）なら「シンボリックな作業」と呼ぶ作業が行われる重要な場所になるのである。

本書は一般的な社会科学の基準からすれば、きわめて例外的とも見える見解を提供しようとする。本書はインタビューという慣習的実践の理論的、認識論的根拠を一般的な水準で明らかにしようとする以上、ある特定の種類のインタビューの処方箋を提供するというよりはむしろ、インタビューをめぐるさまざまな問題を意識化させ、明示化するための概念道具として役立つと言った方がいいだろう。したがって本書は、インタビューから得られたデータがどのようにして産出され、またそれをどうやって解釈したらいいのか、もっとよく理解しようとする研究者にとって、ことさら関心を惹くものになるだろう。本書はインタビューの過程をめぐるさまざまな意味を明らかにするので、意味構築のプロセスと意味の産出に焦点を当てたインタビュー研究を計画したり、行ったり、解釈するときにとりわけ役立つことがわかるだろう。

本書はあらゆる種類のインタビュー活動を出発点とするので、インタビューによって情報が獲得される「見通し」はもちろん、インタビューによって開拓される意味の構築過程についても問題にしたい。以下に続く章において、私たちはこのアクティヴなインタビュー観をもっと伝統的な考え方と対比させて論じる（第2章）。それから、インタビューの回答者の背後にあると想定された対象者イメージについて、それぞれ検討し（第3章）、インタビューの参加者が回答を組み立てるときに利用するリソース（源泉）となる、経験的な知識や情報の複雑な構造について論じる（第4章）。そしてそのとき、予想される将来のやりとりを解釈するためにインタビュアーが解釈の変数を確立し、それによって、さまざまなテーマを設定し、回答を集めるやり方を形成していくプロセスを示すことにする（第5章）。私たちはそこから、インタビューの参加者たちが、そこで言われたことの内容を理解する地平を作り出すために、観察と経験と概念とをどのようにして結びつけていくのか示すことにする（第6章）。そしてさらに、インタビューを構成する多元的な声を認識するために、インタビューによって引き起こされるさまざまな効果を明らかにする（第7章）。最後に私たちは、アクティヴ・インタビューとの対比を通して、標準的な方法論的関心を再度、検討することにする（第8章）。それでは、アクティヴ・インタビューを伝統的なインタビュー理解のなかで考察することから本書を始めよう。

2 アクティヴ・インタビューを遠近法的に考える

インタビューは重要な相違点をもとにして分類できる。たとえば、C・A・モーザー（C. A. Moser, 1958）は、インタビューをその機能によって分類している。彼は一方の極に、就職の面接試験や警察の尋問のように、インタビューの目的が回答者を尋問したり、手助けしたり、教育したり、評価したりするインタビューを置いている。明らかにこのような調査は、実践的な目標を念頭にして実行されるものである。これよりももっと抽象的で学問的な目標をもったインタビューは、機能としては実践的な場合の対極になる。たとえば大規模な社会調査がこれにあたる。エレナーとネイサン・マッコビー（Elenor and Nathan Maccoby, 1954）は、インタビューがどれだけ「標準化されている」かという基準によって分類する。つまり、インタビューが構造的に組み立てられた質問や、統計的な計測への志向性によって誘導されているか、それとも、もっと柔軟に組み立てられていて、主観的意味を発見する目的に誘導されているかというような基準である。ジョン・マッジ（John Madge, 1965）は、インタビューを彼の用語である「生成的インタビュー」と「量的インタビュー」に分類した。その基準は、回答者に「議論すべきトピックを選んで、自分の論じたい方向に論じていく、ある種の自由が与えられているか」（p. 165）どうかである。生成的インタビューには、ロジャー派のカウンセリングに好まれた（Rogers, 1945を参照せよ）非指示的カウンセリングやインフォーマルなインタビューやライフヒストリーが含まれる。ほとんどの大規模調査は量的インタビューのカテゴリーに入る。さて、以上のようなインタビューの分類は、概してインタビューのプロセスの特徴と目的に注目していて、情報を産出する場面に対応したインタビューの相違にほとんど注目していないのである。

回答者の背後にイメージされた対象者

もちろん暗黙の裡にであるが、インタビューの回答者という役割の背後には、つねに調査「対象者」のモデルが隠れて存在している。インタビューを認識論的な活動として考えていくと、インタビュアーが回答者とどのように関わっているのか問題にする必要が出てくる。すなわち、インタビュアーが回答者を調査対象者としてどのように想定しているのか、そしてまた、回答者と交わす会話に対してインタビュアーがどのように関わっているのか明らかにする必要がある（もちろん、それと同じくらいに重要なのは、インタビュアーの背後にイメージされた対象者の考察である。この問題については、本書のなかで後にふれることにしよう）。回答者の背後に何らかの対象者を投影することは、回答者に認識論的なエージェンシー（主体）という意味を与えることである。そしてこのエージェンシーの付与は、インタビューを通して報告された情報がどの程度妥当性を持つか私たちが理解する際に、一定の影響を与える。

伝統的なアプローチにおいて、インタビュアーが回答者の経験について質問するとき、調査対象者は基本的に受動的な「回答の容器」として考えられてきた。彼らは事実や、それに関連する経験内容の貯蔵庫なのである。たとえば、特に注意を要するインタビューのトピックを取り扱ったり、頑強に抵抗する回答者に対応する場合には、調査者は対象者の経験内容の情報を正確に把握するのが困難であり、こうしたことはしばしば経験することである。にもかかわらず、そこで得られる経験内容の情報は、原則として調査対象者という回答の容器のなかで汚染されずに保持されていると見なされる。したがって要は、インタビュアーと回答者とのあいだに、オープンで、ひずみのないコミュニケーションを導くような環境を整えたり、質問を工夫したりすればよいのである。

ほとんどではないにせよ、インタビュー法についての多くの書物は、このような油断のならない問題をどのように工夫したらよいか論じている。すなわち、回答の容器アプローチをとれば、インタビュアーは質問の仕方に注意しなければならない。なぜなら、彼らの質問の仕方しだいで、通常なら誠実で正確なコミュニケーションに役立つものが、調査対象者の内部にバイアスを持ち込んでしまうようなものになってしまうのである。回答の容器アプローチは、混ぜもののない事実と経験を獲得するために無数の手続きを提供する。そしてその手続きのほとんどはインタビュアーと質問の中立性に関するものである。たとえば、ある問題について正反両面を認める質問をするインタビュアーは、それをしないインタビュアーよりも、もっと中立的であるとされる。調査者はこの点を考慮に入れて、インタビュアーの質問を工夫するように勧められる。こうした手続きをうまく適用すると、回答者の背後にある回答の容器に保存された真実が導きだせるのである。回答の妥当性は、この手続きをうまく適用すればもたらされるというのである。

回答の容器アプローチにおいては、調査対象者は認識論的に受動的で、情報の産出には関わっていない。もしインタビューの過程が「マニュアルに従って」なされ、非指示的で、バイアスのかかっていないものだったとしたら、調査対象者は、彼ら自身の内部に保存しているだけであると想定されているもの、つまり、調査の対象となる混ぜもののない事実と経験を適切に口に出すようになるとされる。情報の汚染はインタビューの環境や、インタビューへの参加者、それにインタビューのやりとりから発生するのであって、理想的な条件のもとでは、調査対象者から発生するのではない。むしろそうした条件のもとでは、彼らは求められれば真実の報告を提出するというのである。

ところがもし私たちが回答者の背後にある対象者イメージに生気を与えたらどうなるだろうか。アクティヴと見なされた回答者の背後にある対象者は、事実と経験の内容を保存しているだけでなく、まさに回答としてそれを提供する過程において、それに何かを建設的に付け加えたり、何かを取り去ったり、変えたりするのである。実際、回答者は主体的に関わって作り出していることを、自ら「損ねる」ことなどほとんどありえないことである。〔訳注：オリジナルがあれば変形すると損なわれるが、オリジナルが存在しない以上、損なわれることはありえない〕。

このアクティヴな対象者は、回答者の役割をとる前にも、あるいはその最中にも、そしてその後でも、さまざまな経験をつなぎ合わせ、組み立てている。回答者である彼や彼女は、社会の一メンバーとして、回答者がインタビュアーに伝達する知識を仲介したり、変更したりする。つまり、彼や彼女は「もうすでにいつでも」意味の積極的な作成者なのである。回答者の回答がいつでも組み立てられたり、変更されたりする以上、回答の真理値が客観的な回答の容器の中にあるものと対応したからといって、それが真理値であるとただ単純に判断することはできない。

もっと伝統的で科学的な立場からは、インタビュー回答の客観性や真理は信頼性と妥当性の見地から評価されるだろう。すなわち信頼性とは、質問がいつでもどこでも同じ回答を引き出すことができる範囲のことであり、妥当性とは質問が「正しい」回答を引き出せる範囲のことであると（Kirk & Miller, 1986）。ところが、インタビューをダイナミックな意味構築の場面として考えれば、それとは別の基準が適用される。それは意味構築の方法、意味構築の状況、そして、当該状況においてつなぎ合わされた意味の連関に重点をおく基準である。ここでも回答内容への関心はそのまま持続するが、主要な関心は以下のことにある。すなわち、対象者／回答者が、回答者とおなじようにアクティヴなインタビュアーと協同しながら、いま展開している解釈的な状況内の対象者／回答者の経験について、どんな意味をどのようにして作りだし、伝達しているかということに関心が移るのである。ここではある場面の回答が、別な場面でもまったく同じ回答として複製されると考えることはできない。なぜなら、その二つの回答はそれぞれ別の意味構築の状況から生み出されたものだからだ。同じように、回答の妥当性が導かれるのは、それが回答者の内部に保存されている意味に対応するからではなく、むしろ回答者がインタビュアーが理解できるように当該状況に即して、その状況の経験的な現実を伝達する能力をもっているからである。

インタビューのアクティヴなアプローチは、それをより伝統的なアプローチ群と比較することでもっともよく表現できるだろう。これから、二つの研究アプローチを例にとって説明することにしよう。その二つは、受動的な対象者が保存するとされる経験的真実への志向性において大きく異なっている。すなわち、第一のアプローチは、デヴィド・シルバーマンが啓蒙主義的な感覚を反映すると議論しているものだが（Silverman, D., 1985, 1989, 1993）、コミュニケーションを通して伝達された内容の合理的な価値に志向する。その焦点は、回答者が自分の経験を表現するのに使った実質的な言明や説明や理由である。その例として、コンヴァースとシューマンのめったにないほど率直な『ランダムな会話』（Jean Converse and Howard Schuman, *Conversation at Random*, 1974）という本を扱おう。第二のアプローチは、シルバーマンのことばを借りれば、ロマン主義的な感覚を反映して、対象者の感情の内奥にあるとされる、通常よりももっと純粋な価値に志向する。ここでは、人間の経験の混ぜもののない純粋さの核心とされる、感情や情緒が焦点化される。ジャック・ダグラスの『創造的インタビュー法』（Jack Douglas, *Creative Interviwing*, 1985）をその例として取り上げよう。

サーベイ・インタビュー（量的調査におけるインタビュー）

コンヴァースとシューマンの本は、量的調査におけるインタビューについて「インタビユアー自身が考えるような」視点から考察している。この本の一部分は、ミシガン大学のデトロイト地域研究を通して、量的調査方法について訓練を受けている一五〇人の大学院生のインタビュー結果に基づいている。調査研究センターのインタビューの専門家もまた、たいていは質問紙の最後の頁に「寸評」を書き込むことで、自分の意見を寄せている。

この本の率直さは、量的調査の背後にある調査者について、二つの全く異なったイメージをうっかりそのまま並置していることにも表われている。つまり、私たちは彼らが好む回答の容器という対象者イメージに引き寄せられると同時に、これとは対立するイメージがこの本を通してしみ出てくるのである。それは著者たちが冒頭でつぎのように述べているところからも、ほのめかされている。「私たちは本書で扱うデータが主観的なものであることになんの弁明もしない。というのも、それが本書の存在理由だからである。しかし私たちが強調したいのは、このことがインタビューの過程について、これよりも客観的な立場による調査となんらの対立も意図したものではないことである」(p.7)。

この本の多くの具体例によって十二分に説明されているのは、量的調査の回答者がどれほど解釈作業に関わっているのか、そして、それに関連して、回答者自身がどれくらい気むずかしく、イライラしているのかということだ。本書によって描かれるのは、インタビュアーがインタビューをしている最中に出会う、関心を惹くけれども、一筋縄ではいかない人々や意味である。彼らは回答者を「人々という快楽」とか「好みのうるさい鑑定家」と呼んでいる。著者たちは読者にこう警告する。回答者が始終解釈作業に積極的に携わっていることは明らかだが、このことは客観的な情報に対してマイナスに作用するものではない、と。読者はしだいに学んでいくのだが、この客観的情報は受動的な回答者の背後にある知識の貯蔵庫から引き出されてくるはずのものなのである。この本の著者たちは、回答者が行為を通して、主体的に関わりながら意味を構築していると信じていない。確かにしばしば回答者は生き生きしていて、抑制できないことがあるし、逆にインタビュアーを楽しませることもあるし、さらには、扱いにくいこともある。しかし調査で求められている回答を最終的に保持しているのは受動的な対象者なのである。

コンヴァースとシューマンは、あるインタビュアーを紹介している。そのインタビュアーは回答者が受動的な調査対象者などではなく、むしろアクティヴに解釈する対象者であると、かなり考えるようになったのである。また、大学院生のあるインタビュアーは、回

答者が社会科学者が想定するような対象者とは別の種類の対象者ではないかと真剣に考え始めている。すなわち、

ある人はこう考え始めた。このように、［回答者によって提供された］現実についての別の捉え方はどれだけ真実味があるのだろうか。もしかしたら、私の価値と異なる彼らの価値は、私のと同様に正当なのではあるまいか。大学という場所に座って考えると、他の人々の社会的位置や、彼らの社会的現実についての認識に内在する限界が見えてくる。しかし同時に、客観的な社会科学的認識というものもまた、彼らの限界とは違うが、また別の似たような限界を持っているのではなかろうか。（Converse & Schuman, 1974, p. 8）

この本の著者たちはこの駆け出しのインタビュアーの洞察を信じている。しかし残念なことに、これはまだ未熟な智恵だというのである。すなわち、これはインタビューの専門家のコメントではなく「大学を越えたより広い社会について、何かを学んだ（再学習した）ときに、その新しい経験に興奮する」（p. 8）初心者のようなコメントだと言う。けれども、この若いインタビュアーの驚きは誰にも否定できないその人自身のものだろう。そしてそれはインタビューという経験が大学を越えた社会的世界についてどれほど多くのこと

を明らかにするかを物語るものとして解釈できるのである。

コンヴァースとシューマンは、確かに量的調査のインタビューが人々と出会う喜びの経験を含んでいることを認めるが、彼らはインタビュアーが自分の役割を効果的に利用して、回答者の背後にある回答の容器にアクセスすることを望んでいるのである。彼らの本は、つぎのようなエピソードに満ちている。つまり、インタビュアーが回答の容器を常に視野に収めながら回答者と接するために、何を学ばなければならないか、いつも忘れないようにしておくエピソードである。そのひとつは、インタビュアーとしての自己をコントロールすることである。自己コントロールによって、受動的な対象者が言い出せないでいることに介入しないようにするのである。インタビュアーは自意識をふるい落とし、個人的な意見を押し殺し、回答者をステレオタイプ的な見方で見ることを避けなければならない。インタビュアーの役割を学ぶことは同時に、インタビューの場面をコントロールして、回答者の意見や感情が率直で容易に表現されるようにすることである。理想的には、インタビューはこっそりと秘密裡になされるべきである。それによって、回答者は他者の存在を気にせず、確実に彼ら自身の回答の容器の中から直接話せるようになる。また、熟練したインタビュアーは以下のことを知っている。つまり、いわゆる会話の推進力というものは、回答者とインタビュアーの両方のアクティヴな主体からエネルギーを受け取って、それ自身の解釈のダイナミズムを持つようになるが、「調査の方向性」（p. 26）を中心に据えるようにたえず調整する必要がある。理想的には「良質で堅牢なデータ」を生み出すためには、調査の遂行に対して働くこの二つの対立する圧力を「ソフトな」会話によって調整しなければならない（p. 22）。

全体を通して、コンヴァースとシューマンの本は、受動的な対象者というイメージが現実にはどれほど問題の多いものか、かいま見せてくれる。この本のなかに出てくる豊富な例によって、私たちは繰り返し、インタビューが会話であることを思い知らされる。つまり、会話の中で意味が伝達されるだけでなく、インタビュアーと回答者の協同作業を通して、意味が組み立てられ、受け取られ、解釈され、インタビュアーによって記録されたりするのである。熟練したインタビュアーは、会話に働くさまざまな圧力を調査という目的に沿って調整する方法を会得するようになるが、ここからアクティヴな意味構築の場面へと向かうのは、認識論的にほんの少しステップを踏めばいいだけのように見える。

創造的インタビュー法

コンヴァースとシューマン（1974）のアプローチとダグラスの『創造的インタビュー法』

（1985）のなかで典型的に示されているアプローチとを比較してみよう。この本のタイトルに使われている「創造的」ということばは、回答者ではなく、おもにインタビュアーを指している。そしてダグラスによればこのことばは、彼が回答者の「深い体験」を探求しようとするときに直面した困難から由来するという。彼はつぎのように述べる。数多くの経験的研究を重ねるなかで、特に美しい女性たちの体験を研究したとき、彼が何度も感じたのは、調査インタビューの標準的な進め方についてのアドバイスがどれほど表面的で役立たないかということであった。コンヴァースとシューマンが信奉するような合理的中立性の規準によっては、ダグラスの回答者の「感情の泉」と呼ぶものを汲みとることはできないのであり、心の奥底からの吐露を可能にするある方法が必要となる。

ダグラスが困難に直面したのは、標準的なインタビュー技術の欠陥というよりは、受動的な対象者についての、彼のロマン主義的なイメージによるところが大きい。調査回答者の背後に潜む対象者イメージのように、ここではダグラスもまた対象者が回答の貯蔵庫であるとイメージしている。ところが彼の場合は、対象者はガードの固い感情の容器なのである。回答者が本当に心の底から、この感情の泉を通してコミュニケーションを行うのは、体験したことが結局どのようなものか、単なることばによっては引き出したり、伝えたりすることができないとわかっているインタビュアーに対してだけである。標準的な調査の質問と応答は、ただ経験の表面をなぞるにすぎない。ダグラスの目標は、回答者の背後にある本当の対象者を創造的に「知ろうとつとめる」ことによって、さらに深いものを探求することに向けられている。

創造的インタビュー法とは、インタビューのプロセスの中でやりとりされる単なることばや文章を超越するワンセットのテクニックである。表面的なことばを超えるためには、インタビュアーは「相互的な」自己開陳ができる環境を確立しなければならない。インタビューとは、インタビュアーが対象者自身の感情や内奥の思考を進んで分かち合おうとする気持ちが表現される機会であるべきなのだ。これがなされると確実に、回答者が今度は自分から自分自身の思考や感情を分かち合おうとする。インタビュアーの深い自己開陳によって、回答者がそれと互酬的にそうした自己開陳を行うきっかけが作られるし、また同時にこの自己開陳を正当化する。ダグラスは、標準的な調査インタビューによって訓練された中立性はこれらの自己開陳すべてを抑圧してしまうという。鉄則であるかのように、ダグラスはいう（1985）。

これから本書全体にわたって見ていく、創造的インタビュー法は、親愛の感情と親密性にかなりの程度立脚した相互行為戦略を多く必要とします。それを通して協力的で相

互的な自己開陳が最大になり、相互理解に向けて創造的に探求しあうことが最適化されます。(p. 25. 強調は原文)

ダグラスはかなり明確なかたちで、創造的インタビューのガイドラインを示している。彼の言い方を借りれば、ひとつには以下のことを考えなければならない。すなわち「創造的インタビューの天才は九九パーセントの努力から成っている」(p. 27)、なぜなら、回答者に深い自己開陳を促すには、単に意見を得ようというより以上にもっと多くの作業を必要とするからである。第二に「人間の魂に分け入っていく深い探求に」必要な忠告は「調査者よ、汝自身を知れ」(p. 51) である。通常は研究者自身でもあるインタビュアーは、つねに自己分析を続けることが必要だ。なぜならもしそうしなければ、創造的インタビュアー自身の自己防衛メカニズムが、相互的な自己開陳と相互理解を妨げる恐れがあるからだ。第三のガイドラインは、インタビュアーが相互的な自己開陳に献身的に関わっていると自己呈示することである。それは感情に対していつも関心を持っていると伝えることである。ダグラスは「あるすばらしい啓発的なライフストーリー研究を成し遂げた」創造的インタビューの初心者に言及して、この創造的インタビュアーは「友好的で、思いやりがあり、相手を尊重する等々の感情によって突き動かされていたが、とりわけそれに加えて、調査者自身である彼女に対して、つぎつぎと明かされる神秘に惹きつけられ、それに目を見開かされて驚くという感情によって動かされていたのである」（p. 29）。

創造的インタビューによって引き出された泉は感情的なものであると言われている。これはコンヴァースとシューマンの本を通してまっさきに湧き出てくる合理的イメージとはっきりした対照をなしている。ダグラスはほかにまねできない独特なやりかたで、情報と智恵とは「ある部分、創造的な相互行為によって産出される。つまりそれはお互いに理解しようと求め合い、そして魂の交流を通して産出される」（p. 55. 強調は原文）という。ダグラスの想像する対象者は、基本的に感情的な存在だが、この対象者は回答者の役割を取るとき、インタビュアーと積極的に協力して、お互いに認識可能な意味をつくり出すのである。それは、コンヴァースとシューマンの本が示唆していたインタビュアーが使う説明の役割と同じである。この点では、創造的インタビューの「創造的な」推進力である自己開陳の相互性は、言われたことそれ自体を仲介したり、それに何かを付け加えたりすることで、語りの内容それ自体をまぎれもなく形成するのである。しかしながら、ダグラスが気づいていないことは、このなるほど確かにアクティヴな対象者は、経験の泉を合理的なことばやそれ以外のことばで組み立てることができるのであって、必ずしも感情的なことばで表現する必要はないのである。したがって、ダグラスの回答者の背後にある対象者は、確かに創造的な感情的存在であったとしても、本質的に受動的な経験の源泉にとどまるのである。それはスタッズ・ターケルと一杯やりながら「心を開いていく」回答者とも違うものである。

アクティヴという視点

ほぼ四十年前に、世論調査研究の卓越した批評家であるイシェル・ド・ソラ・プールが『世論調査誌』の創刊二〇周年記念の際につぎのように書いている。

「インタビューのあいだに起こる」コミュニケーションを取り巻く社会的環境は、人がこれから言おうとすることに影響を与えるだけでなく、彼が言おうと選択したと思ったことまで変えてしまう。しかしこうした表現の変化は何かその背後にある「真実の」意見からの逸脱であると見なしてはいけない。なぜなら、不動の基盤を提供するような中立的で、社会的なものとまったく無関係であり、どんな影響からも自由な状況など存在しないからだ。(p. 192)

プールはさらに続けて、インタビューというダイナミックなコミュニケーションによって生み出されるさまざまな偶然的効果や意味構築が、文字通り意見を活性化させるのだと書く。したがって彼の言い方によれば「どんなインタビューも［情報収集の機会である場合を除いて］対人的なドラマなのである。そしてその筋書きはいつも展開しつつある」（p. 193）。

プールのたとえは、これまで伝統的に考えられてきたよりも、はるかにアクティヴなインタビュー観を伝えている。彼のインタビュー観を利用して、コンヴァースとシューマンやダグラスの本に例示されていたアプローチと関連させながら、私たち自身のインタビュー観を位置づけることができる。あらゆるインタビューがひとつの活動であることに注目すれば、回答者の背後にイメージされた対象者は、啓蒙主義的な感覚によっても、あるいはロマン主義的な感覚によっても捉えることはできないだろう。すなわち、対象者は意見や理由の貯蔵庫でもないし、感情の泉がその本質であるということもない。対象者である彼や彼女は、前もって定義されているわけではなく、むしろインタビューの過程のなかで、進行中のさまざまな偶然のコミュニケーションと結びつきながら、構築されていくものである。研究者が調査トピックを決め、つぎに回答者の選択を行い、質問し、回答を得、そして最後に回答の解釈を行うまで、インタビューという行為は意味を作り出すひとつのプロジェクト（企図）なのである。回答者の背後にあると想像される対象者は、おそらくは合理的な主体とか、感情的な主体として徐々に概念化されるようになるけれども、そうした主体のイメージはこのプロジェクトが展開するにつれてその一部として出現してくるのであって、前もって存在するわけではない。インタビューという活動の内部において、回答者の背後にイメージされた対象者は、合理的な主体であれ、感情的な主体であれ、あるいはこの二つが結びついた主体、または、それとは全く別の主体が、インタビュー過程というギブアンドテイクのやりとりと結びつき、さらにそれよりも広いインタビューの調査目的と結びつきながら具体化されていく。プールが暗示しているように、インタビューとその参加者は常に新しく変化していくのである。

回答者の背後にあるアクティヴな対象者は、偶然のコミュニケーションによって構築される。そうしたコミュニケーションには、二つの種類があり、それは回答の解釈の方法に影響を与える。そのひとつは実質的なコミュニケーションであり、調査という企図の「内容」である。調査の焦点と調査から生み出されるデータによって、対象者自身と対象者の回答を発展させる方向性が提供されるし、また、それを解釈する枠組みになる題材（リソース）が提供される。たとえば、ある調査は老人ホームの入所者のケア（介護）の質とQOLに焦点を置いているかもしれない（Gubrium, 1993 参照）。そしてこの調査は老人の在宅ケアと施設ケアの組織化や、その一般的目的についての全国的な議論に関わる大きなプロジェクトの一部であるかもしれない。もしインタビューを求められたら、この調査の対象者はこうしたトピックの内容に対して、それぞれの立場からさらにいろいろな内容を付け加えるだろう。彼らはインタビューのプロセスのなかで、こうしたトピックを自分たちの生活誌の具体的なことがらに結びつけ、それによっていま考察中の問題に答えると同時に、当該の問題に影響を受けた対象者アイデンティティをみずから構築しているのである。たとえば、ある老人ホームの入所者は、あるインタビューのなかで、彼女の施設のケアの質について勢い込んでこう主張した。「女性にとっては、ケアは最終的には感情の問題なのよ」。この言い方はダグラスの感情的な対象者というイメージに響きあう。そして、この主張は一般的には受け入れられないかも知れないが、それと認識できるジェンダーとの関連性を表現しているのである。また別の入所者は、冷静にそして系統的に、彼女の施設のケアの質をリストアップした。そしてその際にそれに対する彼女の感情については一度も言及しなかったのである。このことについてもし自分の意見を求められたら、彼女は「こうしたこと」に「感情的になったら」判断を曇らせてしまうと答えただろう。この答え方には、コンヴァースとシューマンの本に描写されている理性的な回答者により近い種類の対象者が示唆されている。ここでは特定の内容に関するリソース、つまり、女性と感情との一般に見られる文化的結びつきとか、明晰な考えと感情とが対立するという伝統文化の考え方が、対象者を構築するのに使われている。

つぎに私たちはもうひとつの偶然的コミュニケーションの側面であるインタビュー調査の方法の問題に移ろう。情報が提供される視点は、進行中のインタビューの相互行為と関連してつねに変化し続けている。たとえば、ケアの質について語るとき、老人ホームの入所者は、インタビューの回答者として、考察の対象となっているトピックに関連した実質的な考え方とか感情の内容を提供しているだけではない。むしろ彼らは同時に、そして継続的に、自分たちに質問する人物と関係づけて、自分たちが一体何者であるのかモニターしているのである。たとえば、施設のQOLについて答えるときに「女性として語ると」というふうな前置きを置いたある老人ホームの入所者は、こうすることによって、インタビュアーに彼女が、単なる入所者であるとか、ガン患者であるとか、あるいは見捨てられた母親であるのではなく、むしろ一人の女性として、私の話を聞いてほしいと知らせているのである。もし彼女がそのあとで「もし私がこの場所で男性だったら」とコメントしたら、この入所者はQOLについての彼女の考え方や感情をまた別な仕方で解釈する枠組みを提供しただろうし、その場合は全く別の対象者アイデンティティを構築することになる。回答者は明らかにインタビューの展開の仕方に働きかけているのである。

インタビューの方法は、恣意的に変えられるものでもないし、インタビュアーか回答者のどちらか一方の側に与えられているものでもない。対象者はインタビューが展開していく文脈との関連で相互行為的に構築されていく。たとえば、対象者が究極的な合理的主体として設定されたら、対象者はインタビュアーと回答者の両方にとって語りのリソースとなるだろう。つまり対象者はさらに質問したり、答えたりする方法の道しるべになる。合理的な文脈では、インタビュアーは回答者の老人ホームの評価に対して彼らの感情ではなく、彼らの具体的な「理由」について質問するしっかりした土台を獲得することになる。そして回答者は自分のなかの「合理的に思考する」主体に頼りながら、適切な回答を提供するのである。

解釈実践としてのアクティヴ・インタビュー

インタビューとは、人と人とのあいだで起こる、その筋書き自体がどんどん展開していく演劇である。こう言うことは、現実というものが進行中の解釈を通して作り上げられるものである、つまり現実は実践の問題であると主張することを含んでいる。この立場の土台となるエスノメソドロジー的な感性にしたがえば、私たちは相互行為における巧みなやり方、つまり「方法」に関心が向かう。その方法とは意味が産出され、可視化される方法である（Garfinkel, 1967; Heritage, 1984）。この観点からすれば、インタビューの参加者は、日常生活の実践者たちと似たようなものとしてなぞらえることができる。つまり、彼らもまた経験のうちから、認識可能で秩序だった要素を判別して設定する作業につねに携わっているからだ。ところが意味構成は、解釈の必要となる場面であたかも「ゼロ」から意味がいつも作り出されるといったように、ただ単に巧みであるだけではない。むしろそこでの解釈は、実際の相互行為から派生する偶然的要素、つまり日常生活の「内容」を志向すると同時に、それに条件づけられているのである。

私たちのアプローチにしたがえば、現実は経験の「方法と内容」の結節点において、解釈実践を通して構築されるのである。そして解釈実践とは現実を理解し、組み立て、表象するために使われる手続きとリソースである（Holstein, 1993; Holstein & Gubrium, 1994）。アクティヴ・インタビューとは、インタビュアーと回答者を関与させる、ある形式の解釈実践である。つまり、インタビュアーと回答者は進行中の解釈構造や解釈的な資源、そして志向性をガーフィンケル（1967）が言う「実践的推論」を使って明示的に結びつけていくのである。方法の技巧性と相互行為から偶然に生まれる実質的内容とを結びつけて考えていくと、確かに現実はつねに「工事中（構築中）」だが、それはいま手許にある解釈的リソースを使って組み立てられるということになる。意味はつねに新しいものとして表現されるわけではない。むしろ意味は比較的持続性のある当該の状況に属する条件を反映するものである。たとえば、インタビュアーの調査トピックや、具体的な生活誌のこまごまとしたこと、それにこうしたトピックに志向するその場の方法など、一定の持続性をもった条件によって、意味は維持されていく（Gubrium, 1988, 1989; Hlstein & Gubrium, 1994）。インタビューの状況で使用されるこうしたリソースは、当該状況のどんな要求に対しても適合するように、機敏に、しかも巧妙に加工されるので、意味は最初から決定されているというわけでもなく、同時に無条件に一回限りのユニークなものであるということでもない。

ところで、インタビューが解釈実践をすべて独占して網羅するというわけでもない。それならなぜ、インタビューが体系立った社会調査にとって特に役に立つ方法なのだろうか。その答えはこうである。インタビューの状況というもの自体が、ある特定の調査関心に結びついた問題群に志向した意味の産出を促進する力をもっているからだ。これまでの伝統的なインタビュー観によれば、受動的な対象者が、適切な質問があれば、それに対して自己の経験を知覚し、それを中から取り出して報告するという「最小限」の解釈作業に携わるものと考えられてきた。これに対して私たちのアクティヴなインタビュー観によれば、対象者には実質的な内容をもった解釈方法のレパートリーと経験した題材のストックが備わっているのである。アクティヴ・インタビューという考え方によれば、対象者は封を切られるのを待っている容器というイメージではなく、むしろ反対に、対象者は自分の解釈能力を活性化し、刺激し、育むべきものとして捉えられる。つまりインタビューとは、公式的にそして体系的に対象者自身の解釈能力を活性化するものとして一般的に認められた機会なのである。

こう言ったからといって、アクティヴなインタビュアーが回答者をうまく誘導して質問に対する望ましい回答を導きだそうとしているわけではない。むしろ、アクティヴなインタビュアーが回答者と会話するとき、つぎつぎとさまざまな考えが選択肢として浮かんでくるようにする。インタビュアーは回答者の経験の多様な側面について、ある方向をもった解釈を示唆したり、そのあいだの結びつきを示唆することもあるし、対象者の経験の特定のリソースや関連性や意見を利用して、さまざまな解釈の輪郭をなぞったり、ときにはそれらを誘い出すこともするかもしれない。インタビュアーは対象者の経験について十分には表現できない側面をさらに探求したり、回答者に調査者自身の経験に関連するトピックを展開するように促すこともある（DeVault, 1990）。こうした作業の目的は、ある一定の解釈を決定することにあるのではない。むしろ、インタビューに関連する問題群に志向した、広範囲の複雑な意味を産出しやすいような環境を整えるためであり、事前に決定されたアジェンダによって解釈が制限されないためである。

ここでプールの演劇を使ったメタファーが的確である。というのも、それによってインタビューを構造化する条件だけでなく、インタビューの技巧性も同時に伝えられるからである。インタビューもそれなりの演劇である以上、そのナラティヴ（物語）は以下のような脚本（スクリプト）を持っている。つまり、そこにはひとつあるいは複数のトピックがあり、他と区別される明確な配役があり、会話のある種の形式がある。しかし、そこでは筋書き自体がどんどん展開していく。その筋書きのなかで、トピックや役割や会話形式が、そこでのインタビューのやりとりのなかで形づくられていく。このようにアクティヴ・インタビューとは、ある種の限定された「即興」演劇である。上演は自発的に起こるが、ある程度構造を持っている。つまり、インタビュアーによって与えられた緩いパラメーターによって焦点が与えられている。

自然に起こる会話と相互行為は、インタビューにくらべると、確かにもっと自然で、「演出性」が少ないように見えるかもしれない。しかしこのことがあてはまるのは、こうした相互行為がインタビュアー以外の人々によって演出される場合だけである。結果としてでてくる会話も、より「現実的」で「本物のよう」である必然性はない。こうした会話はただ単に、もともとある状況として認識されてきたところで起こっているにすぎない。インタビュー社会が進展していくなかで、個人的経験がどんどん私秘性（プライバシー）を失っていくと（Gubrium & Holstein, 1995; Gubrium, Holstein, & Buckholdt, 1994参照）、インタビューはますますあたりまえのものとなっていくだろう。つまり、インタビューはますます経験を表現するために自然に起こる機会になっていくだろう。インタビューは誰にでもいつでも起こる経験となっていく。

にもかかわらず、ある種のトピックについての会話は、たとえそれが非常に重要なトピックであったとしても、インタビュー社会においてさえ、通常の日常生活のなかでは比較的まれにしかなされないこともある。たとえば、家族と家族生活に関する会話は一見非常にありふれているように見えるが、私たちは「家族言説」を研究するためには、比較的限定された範囲の環境において研究するのが有益であるとわかった。その環境とは、たとえば家族療法のように、日常的な仕事の一部として、家族についての会話を意図的に促すような環境である（Gubrium, 1992; Gubrium & Holstein, 1990）。こうしてアクティヴ・インタビューは、通常ではトピックにはならないような事柄に関連した解釈実践をしっかりと把握するのに利用できるようになる。インタビュアーはナラティヴの産出を促すことによって、いわゆる「通常の生息環境においては」効果的に把握することがほとんどできないような、解釈の展開を引き起こすからである。

伝統的な見方からすれば、インタビューのアクティヴなアプローチは、許容できない種類のバイアスを招来するものと見えるかもしれない。ところがこの批判があたっているのは、解釈作業について非常に制限された観点を採用するときだけである。そもそもバイアスということが意味のある概念になるのは、対象者が前もって形成された純粋な情報という商品を持っていて、それがインタビューのプロセスによって何らかのかたちで歪曲されたと考える場合だけである。しかし、もしインタビューの回答を解釈実践の産物とみなせば、回答は事前に形成されたものではありえないし、ずっと純粋であるといったこともありえない。回答は実践的に産出される。どんなインタビュー状況も、それがどれほど形式化され、限定され、あるいは標準化されていようとも、インタビューの参加者のあいだの相互行為に依存しているのである。社会的に構築された意味は不可避的に協同的なものである以上（Garifinkel, 1967; Sacks, Schegloff, & Jefferson, 1974）、歪曲と考えられる要素を相互行為から取り除くことは、おおよそ実質的に不可能なのである。インタビューの参加者はみな、意味構築に不可避的に巻き込まれている。

3 回答者の適性の割り当てと回答者の選択

意味制作プロセスはどこから始まるのか。それは、私たちと共に、つまり研究者として、私たちがインタビュー・プロセスの方向性をどのようにして決めるのか、というところから始まるように思われる。私たちが前章で述べた従来のアプローチのどちらかを採用したとする。そうすると、インタビューの参与者たち、すなわち回答者とインタビュアーの両者の背後にある主体は、解釈という活動においては受動的な存在として扱われてしまう。従来のアプローチでは、参加者たちは意味を構築する存在として扱われることはない。しかしながら、私たちが彼らをよりアクティヴな主体として想像するなら、回答者もインタビュアーも、経験について「質問する者」と「それを語る者」としての「適性」だけでなく、伝達された意味を組み立てる者としての「適性」についても考慮することになる。

この議論をさらに展開していけば、アクティヴ・インタビューの対象者として、可能性としては、意味を構築できるすべての主体の中から、自己の経験を解釈する上で適性な声を発する者として受容できる主体を、どのように選択すべきなのかという問題につながっていく。さらにこのことは研究者の適性についても問題化することになる。従来の見地からは、インタビュー対象者としての適性は個人の特性や特色として理解されてきた。つまり、ある人はそうした特性を持っているが、別の人はそれを持っていなかったりするというのである。しかしながら、アクティヴ・アプローチにおいては、この適性という概念を再構成して、それをむしろ相互行為を通して人々に適用されるようになるラベルとして扱うのである（Gubrium et al., 1994）。日常の相互行為において、ある人にこのような適性があるとうまく説明できるのは、社会的な出会いの場面において、ある個人がそこでのコミュニケーション上の目標を達成することができたと説得的に示すことができる場合が一般的である。しかしこのような適性の割り当て作業は通常は意識的に検討されることはない。すなわち、人々に適性を割り当てる社会的な装置について考慮されることはないし、適性の割り当て作業が、私たちが当然と考えてその間ずっと用いている解釈カテゴリーのなかにどのように基づいているのか考慮されることもないのである。

人に言及するときに使う言葉は、暗黙のうちに人に適性を割り当てたり、反対にそれを留保したりすることができる。人に言及するときのこうしたラベルは私たちが他者の声を聞く聞き方に影響を与える。このラベルによって、私たちはある人については大変慎重に取り扱うし、その他の人については何か有益なことを話せるような人たちではないとして切り捨ててしまう。例えば「いつもちんぷんかんぷんな話をする」と言われる人なら、有用な情報源として扱われるようなことはないだろうし、恐らく無視されてしまうだろう。警察の尋問や素性調査のような公式的な情報収集においては、たとえば、前科者とか、個人の友達あるいは親類など、特定のカテゴリーに割り当てられた人は、信頼性の低い消息筋と考えられ、意見を求められることさえないかもしれない。このように、そもそもある人とコミュニケーションをとることが有益かどうか考えたり判断したりするときには、個人の適性を定義することがそこに媒介として入ってくる。個人の適性の定義は、いわば対象者に有用性を付与するのである。

一般的に言って「子ども」ということばは、このように個人の適性を示すラベルとして働くことで、他者の意見に対する自己の反応に影響を与えるようになる。例えば、親の役割を学習するクラスに参加した、ある母親は「いざこざを処理した」方法を説明するために、次のような事件を報告した。その母親は、ある日の午後、別な用事をしながら、彼女の五歳の息子が「お姉ちゃんの顔には大きなニキビがあるから、美人じゃない」と姉に言っているのを立ち聞きした。それを聞いた姉は怒って金切り声をあげ、足を踏みならしながら彼の部屋から出て行くときに、弟を乱暴に突き飛ばした。少年はわっと泣き出し、繰り返しいま言ったのと同じことを言った。騒々しくひどい言い争いが繰り広げられ、弟と姉は互いの部屋からどなりあい、その声は廊下を抜けて反響した。母親は弟の部屋へ行き、姉をからかうのはやめなさいと叱った。弟はへどもど言い訳したが、じきに落ち着いた。こうして言い争いはさしあたりは鎮まった。

母親は、姉の部屋にちょっと立ち寄ると、慰めながら、いったい何があったのか尋ねた。姉はむせび泣きながら「あいつは、ああいうこと、いつも言うの。だから私、あいつ大嫌い！」と苦々しく付け加えて、弟が言ったことを繰り返した。そこで、母親は次のように説得しようとした。

いい子ね。あの子はまだまだ子どもで、自分がいったい何を言っているのかよく分かっていないのよ。そこを思い出してね。いい。小さい子って、何でもかんでもそういうものなの。そんなこと真面目に聞いていれば、私たちは永遠に傷ついていなくちゃならないわ。ね、知らんぷりなさい。あの子は自分が何を言ってるか分かってないの。もし分っていたなら、あんなこと言わないわ。あなたはお姉ちゃんでしょう。お姉ちゃんなら分かるわね。

要するに、母親は姉に弟の言うことは割り引いて聞くように諭していたのである。すなわち、子どもだから「あの子は、自分が何を言っているのかよく分かっていない」。だから弟の言葉は無視したほうが良い、ということだ。同時に、母親は、もし弟がもっと大きかったなら、そしておそらく子どもでなかったなら、彼は違ったように話すはずだし、必ず厳しく注意をするということをほのめかしていた。ここで、一方で言われた内容、もう一方でそれを言った人、という二つのことのあいだに重要な区別がなされている。この母親は、弟がある特定の種類の人間、すなわち子どもだから、弟の言葉を理解するときには、ある特定の理解をするようにと姉に促したのだ。

これは「子ども」というカテゴリー使用のきわめてありふれたやり方である。他のラベルも回答者の適性や不適性を示すために、同じ様に用いられる。例えば子どもに対して、ライフコースのもう一つの端には、「お年寄り」とか「老い衰えた」というようなことばと語法がある。そして、そのようなことばと語法は、それらが適用される人々が、本人が何を考え、あるいは、どのように感じるのかを相手に十分に伝えられないこと、すなわち言外に有用な回答者たりえないと示唆している。

社会調査における適性の割り当て

結局、社会調査者が聞きとり調査の相手をどのようにして選ぶかは、前節で説明したのと同じような適性の割り当てと結びついている。インタビューにおける回答者の選択に関して、回答者としての適性とは、物語ること、すなわち物語を話す能力の問題だと考えてもらいたい。そうすると、この回答者の適性という概念が働くために、インタビューのプロセスにおいて物語がどのように語られたかという「方法」や、とりわけそこで語られた「内容」についての調査が知らず知らずのうちに制限されてしまうのではないかという問題が出てくる。

サーベイ調査では、回答者の選択は、主として代表性の観点から取り組まれる。すなわち、標本抽出（サンプリング）された人々の特性は、関心の対象となる母集団の特性をどれくらいよく代表しているのかということである。つまり、インタビューの中で回答者という代表的標本（サンプル）によって言われている内容は、もし母集団の全成員がインタビューを受けたとしたら、その母集団が全体として言っている内容を反映することになる。

もちろん、コスト計算から物理的に実際に回答者を見つけることまで、さまざまな実務上の偶発性の中で手順が進められるので、現実の標本抽出のプロセスは複雑である。しかし、代表性の原理は最優先される。

ここで典型的に起こることは、調査者が母集団を定義するために使うことばに付随している適性をめぐる前提について、そもそも最初から吟味することがないということである。サーベイ調査の研究書において代表性の問題は、標本抽出（サンプリング）を行う際の抽出原理と抽出枠の関係に限定されて論じられるだけである。しかしながら、母集団がどのようにしてアクティヴな主体である実際の人々を代表するのかという問題は、これと同じように重要なことであり、物語を話すという適性に直接関係してくる。ちょうど前の節の母親が、弟のひどい文句を無視するように姉を諭す手段として、「子ども」という用語を使って弟が話し手としては「不適」であると指示したように、インタビューの回答者になる可能性のある人々の集まりを記述するのに使用されることばは、おそらく知らず知らずのうちに、ある種の人々を物語りをするには不適な人々としてカテゴリー化するように働くだろう。その結果、不適であるとカテゴリー化された人々の声や、彼らが自分の生活について語る特定の「内容」は、インタビューのデータの中から聞こえてこなくなってしまうだろう。

ヘンリー・メイヒューの『ロンドンの労働者とロンドンの貧民』（Henry Mayhew, 1861-1862）という四巻に及ぶ報告書は、まさにこの歴史的な例にあたる。メイヒューの研究は、ロンドンの貧しい人々を対象におこなったインタビューと観察に基づいており、その人たち自身の視点から彼らの生活条件を描き出すことを目標としている。その第一巻の序文には次のようなことが書いてある。すなわち、貧困層の声を人が語る声として聞きとれるかもしれないとメイヒューが思いつくまでは、貧困ということばは語り手として不適であることを意味していたという。情報収集の目的のためには、貧困層は自分自身の物語を話す能力がないと見なされていた。すなわち、当事者以外の誰かが、彼らの労働と生活条件について記述してやる必要があるというのだ。ところがメイヒューはこの報告書（1861-1862）によって、この慣例となった見方を断ち切り、実際には貧困層が自分の生活について的確に話すことができるということを発見したのである。

本書が、人々自身の唇から自分たちの歴史を公に紡ぎ出す最初の試みであることは、本当に不思議なことだと思われよう。すなわち本書は、彼ら自身の「率直な」言葉で、自分の労働や稼ぎ、それに自分たちが受けた試練や苦悩といった事柄を話されたことば通りに描写したり、私が実際にその場所に行って個人的に観察したり、彼ら個人個人と

直接コミュニケーションをとることによって、彼らの家庭や家族の状態を描写した最初の試みである。（p. iii）

マッジ（Madge, 1965）によれば、確かに貧困層と貧困という問題は公の議論の重要なテーマだったとしても、貧困層はいうまでもなく、庶民の生活に関してさえ本人たちにインタビューするという発想は、この時代には先例がなかったそうである。確かに、メイヒューの研究の時代になるまで、インタビューということばはまったく現われていない。メイヒューはジャーナリストにすぎなかったけれども、都市における貧困の経験については言うまでもなく、一般的に経験された事実を集める手段としてインタビューを行うという考え方は、社会調査にとってひとつの先例となった。そしてこのインタビューという考え方のおかげで、非常に幅広い範囲の人々が物語を話す適性を持つ存在として確立されたのだ。この新しく登場した見解によれば、教育を受けた人や金持ちに限らず、どんな立場の人であっても、自己の経験を信用できる言葉に換える能力を持っているのである。

対象者＝被験者〔訳注：対象者も被験者もどちらも英語ではsubjectという同じ単語になる。これまでは社会調査の文脈において用いられたので、対象者という訳語をあてていたが、ここは心理学の実験という文脈なので、被験者という訳語をあてることにする〕ということばについても、心理学の研究の歴史に似たような例がある。心理学における被験者の起源を追究する中で、カート・ダンジガー（Kurt Danziger, 1990）は、一九世紀にあった三カ所の研究室で実施された実験について、その社会構造を比較している。これらの研究室は、ライプチヒ（ドイツ）にあったヴィルヘルム・ヴントの研究室とパリ（フランス）にあったアルフレッド・ビネの研究室、そしてロンドン（英国）にあったフランシス・ゴールトンの研究室である。ヴントの研究室において被験者と結びついた研究慣行は、ビネとゴールトンの研究室でなされていたものと明らかに異なっていた。ヴントの研究所では、実験において「しろうと」の被験者よりも「プロ」の被験者に特権を与えていた。被験者は、実験上の刺激の対象であると同時に、効率的にかつ有益に答える方法を知っている人であると考えられていた。ヴントの実験室においては、実験者は被験者としてのあり方を他の誰よりもよく知っているという認識があったのだ。ヴントと彼の学生たちは、皮膚上の互いに異なる場所に、様々な間隔で配置された物と物とのあいだの相違を認識する「最小弁別値」という、心理学的体験に関する研究を含む精神物理学の実験を行なった。実験者こそ最も効果的に「最小弁別値」を識別することができると考えられたので、これらの実験中に実験者が被験者の役割をするのがふつうであった。ダンジガー（1990）は次のように説明する。

被験者と実験者の役割は厳密には区別されていなかった。そのため、それぞれ別の時点ではあるが、同一人物が両方の立場になることができたのである。被験者と実験者をどうやって使い分けるかは実際の便宜上の問題と見なされた。そして、実験状況に参加するほとんどの人々はどちらかの役割を果たしたり、あるいは両方の役割を同じように上手に果たすことができた。(p. 51)

実験室での被験者と実験者の役割の互換性は、ビネとゴールトンの研究室には存在しなかった。実験室の被験者がどのように構成されたのか、この歴史上の差違は、さまざまな行為のプロセスを導く際に、ことばが果たす重要な役割を示している。ダンジガーによれば、実験心理学における被験者という用語について、最初に一貫した語法が用いられたのは、ビネの臨床実験の文脈においてだという。その用語はイギリスでさらに医学的な含意を得ていく。ライプチヒの実験室における実験の役割の互換性は、実験結果を報告するにあたり、実験者の経験がない者は、実験者ほど物語を話す適性を持っていないという信念に基づいていた。対照的に、フランスとイギリスの実験室における経験では、実験者の発言と素朴な被験者の発言を区別し、素朴な被験者に対して実験者よりも大きな発言権を与え、より首尾一貫した発言を認めたのである。それぞれの実験室の実験者が、最終的に誰を聞き取り（あるいは観察）の対象として選んだかは、物語を話す適性に関するそれぞれの仮説と結びついていた。

この問題に関連したものとして、ごく最近の民族誌（エスノグラフィ）における議論の展開を例として紹介しよう。民族誌では、自分たちの文化に関する情報を調査者に提供する人々を指す共通の用語は「インフォーマント」である。伝統的には、インフォーマントの選択は、物語を話す適性の点ではかなり限定された見方に基づいてなされていた。すなわち、インフォーマントは自分の文化のさまざまな特徴について話すことはできたが、彼らが描写した内容について解釈を求められることはなかったのである。解釈すること、および著作物によって新しい知見を公にすることは、エスノグラファー（民族誌家）の領分であった。「インフォーマント」という用語によって、特定の文化の構成員と、文化の研究者および民族誌の著者とをかなり厳密に区別することが肯定されてきた。ある文化のメンバーは、当該文化の意味に対する洞察力をほとんど持ち合わせていないと当然のように考えられてきた。つまり、ある文化のメンバーは彼ら自身のことばや表現方法を通して、自分自身の文化について信頼できる物語を持っているという発想はほとんどないに等しかった（Cf, Behar, 1993; Burgos-Debray, 1984）。

現在では「新しい民族誌」と呼ばれるようになってきた立場は（Clifford, 1992; Clifford &

Marcus, 1986;Gubrium & Holstein, 1995; Marcus & Fisher, 1986; Rabinow, 1977）、ひとつには、インフォーマントに適用されるものとされてきた、物語を話す適性という考え方自体を転換することに主眼を置いている。新しい民族誌は、当該文化のメンバー自身による自分たちの世界のアクティヴな説明を考慮に入れることで、メンバーの解釈とエスノグラファーによる解釈との関係に注意を払おうとしているのである（Atkinson, 1990; Clough, 1992; Geertz, 1968; Van Maanen, 1988）。この際の誘導尋問とは、文化のメンバーの物語を話す適性とエスノグラファーの物語を話す適性とは、どのような関係にあるのかという問いである。この議論のなかで新しいことは、文化のメンバーも彼ら自身の正当な資格から、エスノグラファーであると考えられるようになってきたことだ。ここで「インフォーマント」という用語は、物語を話す適性について、文化のメンバーとエスノグラファーとのあいだに明らかな違いをもはや認めないのである。それどころか、この用語はむしろ視点の相違を示すものとなる（Clifford & Marcus, 1986）。かつてはインフォーマントとエスノグラファーの間の分業に見えたものは、今では不公平な差別になってしまったようだ。

　フェミニスト研究者は、恐らく他の誰よりも、物語を話す適性の割り当てが生み出す悪影響を明らかにしようとしてきた（Devault, 1990; Fonow & Cook, 1991; Reinharz, 1992; Smith, 1987; Stanley, 1983; Thorne, 1993）。フェミニズムは、理論的にも、方法論的にも多様であるにもかかわらず、共通の関心事は、文化的で実践的なカテゴリーセットとしてのジェンダーが、社会全体において、そしてとりわけ、社会科学や行動科学において、どのような物語として表現されるのかということだった（Harding, 1987; Thorne, Kramarae, & Henley, 1983）。フェミニズムの研究によって、自分自身の生活や経験でありながら、女性たちはその主体としては不可視化されてしまうことが明らかにされ、それは物語を話す適性の伝統的な割り当て自体を詳細に検討することにつながっていった。

キャロル・ギリガン（Carol Gilligan, 1982）のような学者は、心理学の理論が女性の道徳的な経験についての説明や評価を、男性的な見地から、つまり、ヒエラルキーを伴う上下関係に収まり、個人化され、そして合理化された枠組みのなかで組み立ててきたと主張する。女性の発達に典型的だと言われる、他者との関係を重視する性質は、この従来の理論的枠組みでは抑圧され、女性の声と女性たちに固有な経験の内容は事実上沈黙させられてしまうと議論する。他方、ドロシー・スミス（Dorothy Smith, 1987, 1990）のような研究者は、物語を話す適性の割り当ては、ヘゲモニーを有する制度的実践とテキスト実践によって条件づけられると主張する。スミスの見解では、女性の経験は一日中ほとんど沈黙のうちに、男性の仕事と余暇の観点から組み立てられた世界で使われる記述カテゴリーや、それと結びついた実際的な要求に置き換えられ領有されてしまうのである。スミスは、もし女性の経験というものを、この世界のなかで女性が位置する場所から表現できたとしたら、その場所こそ分析の出発点にしなければならないと主張する。女性自身の生きられた経験が事実上否定されるのは、男性という女性とは別にジェンダー化され、制度化された語彙を通して、女性の経験が表現されるからである。

いま検討したこれらの研究例では、調査者の関心をひくに値する母集団を指定するために、物語を話す適性の割り当てがどのようにはたらくのか、それぞれ独自の方法で例証している。インタビューで話してもらうのに誰を選ぶべきかという問題は、標本の代表性の問題よりも先に来る問題だと思われる。先に私たちは母集団という概念に対して、人々という概念を提示したが、この点こそなぜそうしたのかという核心である。メイヒューの研究以前の都市における貧困の研究は、表向きは貧困層の人口に関するものだったけれども、メイヒューのインタビューと観察は、貧困層の人々が人間として、自分の生活の解説者として、耳を傾けられることがほとんどありえなかったということに、一九世紀の読者の注意を喚起したのだった。ごく最近では、フェミニストの研究者たちが、これと同じような対象者の選択の問題について私たちに警告している。その問題とはこの選択基準が、調査対象の母集団から、人間としての女性の声を排除するように働く危険性である。私たちが自分自身や他者を言及するのに用いることばは、調査において誰に発言権を配分するかという選択に、いまだに影響を与えるひとつの方法なのである。

アクティヴな回答者を選択する際のガイドライン

インタビューの目的は物語を生み出す力に刺激を与えることである。このような前提は、回答者の選択に対し一般的な指針を提案する。それは標本の代表性という従来からある関心に優先するものである。アクティヴに解釈する主体を強調する場合、インタビューの回答者を選択することは、ある母集団から特定の標本抽出を行うことであると同時に、当該の人々に対してある志向性を表現することでもある。この点を私たちは調査の開始の段階から自覚して気づいていなければならない（Willis, 1990, p. 5）。調査者はおそらくは他の人々と協力して、最終的にはアクティヴなインタビューを行うことになるだろうが、標本の代表性という、どちらかといえば従来からある関心を維持する一方で、今度は人々の代表性という問題を考慮しなければならない。

これをどうやって実践に移したらいいだろうか。まず第一に私たちが心にとめておかなければならないことは、適切な回答者になる可能性をもったすべての人を集合的に指示する用語として私たちが用いた「人々」ということばが、明らかに民主主義的な語調を帯びていることである。人々ということばを使うことで、多様な種類の人々の声に対して、自分自身で解釈を行う特権を拡大することになる。すなわちこのことばによって、人々というカテゴリーの中に位置づくすべての人に、物語を話す適性を割り当てるのであり、そのことによって、彼らのうちに人間としての、したがって回答者としての共通の価値を認めることになる。私たちのやり方は、人々の「文化的適性」(Johnson, 1990) に基づいて、ある人々は回答者に含めるが、他の人々は排除するといった、回答者の選択を行う方法といくぶん対立する。この方法は、コンセンサス(合意)をもった情報を伝える人々の声を探求するものの、現実の多様性を映し出すような、それとは別な観点から話す人々をすべて閉め出してしまう傾向にある。こうした母集団の代表を回答者として選択するのとは対照的に、人々を回答者として選択することは、個人個人は、どんなに差があったとしても、原則として個人の価値については平等であり、したがって、みんな語るに値する物語を持っていると考えるのである。

例えば、メイヒューがロンドンの貧困層を人々と呼び、彼らに自分たちの貧困について話すことを求めようと真剣に考えたとき、彼の調査計画は彼ら貧困層の人々を主体としてアクティヴに変換したのである。それによって彼らは、経験されたことを説明するために意見を求められる種類の人々に含まれることになった。これとは対照的に、母集団の成員と見なされた人々は、言ってみれば、個人的な声を持たず、ただ単にそこにいるだけの存在である。この点を問題にしたフェミニズム研究者は、社会調査が女性という（母集団の）「ただ単にそこにいるだけの存在」を無視しており、とくに家事労働がただ単にそこにあるだけの存在として無視されていることを強く問題提起したのである。たとえば、マジョーリ・ディヴォールト（Marjorie DeVault, 1991）は、家事労働者としての女性たちは、つねに進行中の関心を払いながら、どのようにして家族や世話（ケア）を組み立てているのか、明示化するように問題にする。彼女は家政や家事労働をする女性たちをアクティヴな「人々に変換」したために、私たちは彼女の研究のなかに、生計を維持したり、家庭内の秩序を守ったりする女性の声を聞くことができる。

同様に、エミリー・アベル（Emily Abel, 1991）は、病弱な高齢者を介護（ケア）する世界にアクティヴな人々を住まわせた。それによって、ケアを提供する活動に内在するジェンダー化されたカテゴリーや対人関係の論理を目に見えるように明らかにした。成人した娘の視点から介護の経験を記述することによって、アベルは、介護者自身がどのようにして自分のケアの努力を理解しているのか説明する。すなわち女性の経験においては、「気づかうこと」と「世話をすること」が分かちがたく結びついていると主張する。この二つの領域は、介護の研究では別々なものとして扱われるのがふつうである。アン・オピ（Anne Opie,

1994）は、インタビューのデータを分析することによって、男女によって実際になされる介護のジェンダー間の違いは、男、あるいは女といった固定したカテゴリーに収めることができないということを明らかにした。彼女の研究は、ケア提供者としての女性（あるいは男性）とはいったい誰なのかと問うことによって、人々という意味に複雑性を付与した。つまり、ただ単純に介護する女性とか介護する男性と考えるのではなく、むしろ女性も男性も、ケアを提供するアクティヴな人々として考えることによって、性別に特化した境界を横断する複雑な社会過程を通して、ジェンダー・カテゴリーが構成されていることを明らかにしたのである。もし回答者を選択する基準として、調査者が「男性」とか「女性」といった（日常会話では）固定したカテゴリーを使用してしまったら、つぎのような可能性を見落とすことになるだろう。つまり、女性も男性も、介護を提供するアクティヴな人々として、自分の介護を説明するときには似たようなやり方で説明するかもしれないという可能性である。

以上のことから、回答者を選択する際の重要な問題は、もし私たちが人々をある特定のやり方で考えるときに、誰の声を聞き、誰の声を沈黙させるのかという問題である。この問題は方法論的なものではあるが、以下のような点で、理論と緊密に結びついている。すなわちこの問題によって、回答者として可能性のある人々を同定するために使用されるカテゴリーや語彙を批判的に分析しなければならなくなるからだ。たとえば、メイヒューが貧困に関する研究を立案した時、このような問題に取り組んだことが想像できる。すでに引用した彼の報告書の序文の抜粋からこのことがわかる。すなわちメイヒューが「人々」ということばを使ったとき、彼は自分が研究しようとする人々の「ありのままの」話し方に強い関心を持ち、彼らと「じかに」コミュニケーションしたいと強く望んでいたことがわかる。彼が私たちに注目させるのは、単純な既存の母集団としての貧困層ではなく、まさに貧しい人々なのである。メイヒューは彼のことばでは「人々自身の口から発せられた人々の歴史を」出版し公表するために、自分の経験に個人的な声を付与することができる人々を精力的に研究することに着手したのである。

アクティヴ・インタビューの回答者を選択する場合、調査で使用されるカテゴリーが、物語を話す適性をどのように割り当てているのか批判的に検討することが不可欠になる。私たちが自己や他者を呼ぶのに使うことばが、私たちが聞き取り調査の相手として選択した人々に何らかの影響を与えるとしたら、アクティヴに解釈することができ、物語を豊富に作り出す人として聞かれる権利が問題になる。人々を指すカテゴリーやラベルというものは、あるときには排除的に働く可能性も持っている。とりわけ調査において使用されるカテゴリーにはその傾向がある。ここで人々と母集団という用語を区別して批判的に扱うことによって、排他的な方向とは反対に、私たちが母集団という用語を使うときには、母集団ではなくむしろ人々の声を考慮に入れるのが適切ではないかと警告するのである。

アクティヴな回答者を捜す作業は、インタビューのアクティヴなアプローチと不可分な一体をなしている。すなわち、この作業は主要にはアクティヴなアプローチと切り離すことができない理論的な問題なのである。実際のところ、物語を話す能力があると仮定して、意識的に回答者を選ぶことは、回答者の解釈実践を権威づけしたり、検討したりする理論的コミットメントを絶えず強調することになる。ある特定の母集団に対する関心を、当該母集団の一部を構成する人々に対する関心から分離すると、標本抽出プロセスについて技術的な純粋度は高くなるだろう。しかし、そのような手続きを行っても、私たちの調査結果は誰に関するものなのか、つまり、どんな「人々」に関するものなのかという問いに答える手助けにはならないのだ。

経験の語り手

物語を話すアクティヴな人々とは、いったい誰のことなのだろうか。彼らは、回答者としては、どのような人なのか。もし回答者の背後の対象者が受動的な回答の容器ではないとしたら、インタビュアーはいわば水門をこじ開けて、容器の栓を抜くといった単純なことなどできなくなるだろう。調査対象者が貯蔵庫ではないなら、つまりある意見や感情を密封した貯蔵庫ではないとしたら、インタビュアーを、平凡な風景のなかから埋蔵されているものを探し当てる「山師」にするには、ミスキャストであるように思われる。

このようなイメージに取って代わるものは何だろうか。インタビューを物語が産出される機会として考えると、回答者はある種のストーリーテラーとしてイメージされるようになる（Bakhtin, 1981; Bruner, 1986; Myerhoff, 1992; Riessman, 1993; Sarbin, 1986; Todorov, 1984）。ところがどんな物語をとっても、物語の語り手は、ある特定の聴衆に向かって、ある特定の目的を心に描きながら、ある特定の時と場所において、自分の経験を物語るのである（Bauman, 1986）。このようなインタビューのイメージをメタファーとしてさらに追求していくと、ストーリーテラーはある決まったテキストを読み上げているわけではないことがわかる。すなわち、ストーリーテラーとしての彼や彼女は、いまここで直面する状況からもたらされる相互行為の、あるいは情報の挑戦に向かって話しながら、即興を行っているのである。

しかしストーリーテラーは、彼や彼女がやっているうちに、ただ「物語をでっちあげる」わけではない。即興の物語は、自分の経験や感情や意見や期待のさまざまな局面を組み合わせ、そのばらばらな部品を結びつけて、首尾一貫した意味のある全体へと組み立てていくのである。回答者はものごとをただ単純に「組み立てる」わけではない。むしろ、彼や彼女は「人生に忠実な」物語、すなわち主観的に意味のある経験に忠実な物語を、工夫や思慮を重ね、意図的に発明するのである。たとえ、その物語が自発的に、創造的に表現されたとしてもである。

ストーリーテラーもまた、聞き手を頼りにする。彼らの物語は、いわば聞き手とギブアンドテイクの関係にあるように、聞き手に応答するかたちで組み立てられる。すなわち彼らは、聞き手が聞きたい内容を多少なりとも伝えようとするだけでなく、話されるのを待っていただけの話を物語りもする（Gubrium & Buckholdt, 1982）。しかしながら、アクティヴなインタビューを意図的に実施しようとすれば、少なくとも、回答者が出会ったほとんどの聞き手との比較においては、並はずれて積極的な聞き手が提示されることになる。実際、インタビュアーは、ストーリーテラーの人生の特定の局面について、かなり特定化された詳細な物語を話してくれるよう依頼するかもしれない。インタビュアーの問いかけや促し、あるいはコメントや説明を求めるさらなる問いかけによって、回答者はある特定の話題に方向を転じられ、それを他の物語とは区別された独特な扱いをするよう促されるのである。インタビューアの指示は、たとえば「～について、あなたが思うことを話してください」というように一般的で曖昧なものであることもあるし、その逆に「～についてどの程度満足されていますか。一～一〇の間でお話ください」というふうに、回答者に限定された回答を要求するような特定化されたものかもしれない。このような質問に従って、回答は詳細な生活史から一つの単語だけの答えまでの幅広い範囲に広がる。

物語を話すことは協同的である。しかしこう言っても、インタビュアーが質問して回答者が答える、といった従来の単純な意味でそう言っているのではない。むしろ、インタビュアーと回答者は、従来よりももっとダイナミック相互行為を行うことを通して、さまざまな物語を産出するのである。インタビュー・プロセスに関する伝統的な見方では、インタビュアーと回答者について、インタビュアーの仕事と役割と回答者のそれとのあいだに明瞭な区別を設けてきた。ところが、アクティヴ・インタビューの観点からは、インタビュアーと回答者の両者に、より広範囲な解釈活動を指摘する。インタビュアーが質問するのはもちろんだが、回答者もときには質問するのである。インタビュアーは、関心のある話題を示唆したり、そうした話題の適切な話し方を提示したりする。ところが、インタビュアーの質問や、回答者に語りを促すヒントなどは、回答を反射的に導く触媒とか単純な刺激といったものではない。むしろこのような質問やヒントは、回答者が自分の経験を的確に位置づけるための意味づけの枠組みであり、また、回答者の解釈作業を促進するものでもあり、さらには、物語を話すときのテーマを設定するものでもある。他方で回答者は、自分自身の物語の筋立てを独自に追求する。すなわち回答者は、インタビューの中で物語を話さなければならないという問題を解決するために、どのような解釈の余地があるのか調べながら、自分自身で解釈する可能性を見積もっているのである。

この意味で回答者は、誰の手助けにもよらず、独力である種の調査者になる。すなわち回答者は、インタビュアーによって挑戦され、さらにまた物語が発展していきそうな方向をインタビュアーによって指示されることで、少なくとも部分的にだが、手元にある解釈可能な領域に気づくようになると、回答者は自分が持っている経験のレパートリーと、その方向性を参照し、そうした経験の断片をあるパターンへと結びつけることで、「理論的に」首尾一貫した、記述や報告や説明を提示するようになる。つまり回答者は、（確かに隠れていたり、あいまいなものになってはいるだろうが）すでに手元にある記録を過去から振り返ってそのまま報告するわけでは決してない。むしろ、回答者はその場の状況において、インタビュアーに助けられながら、アクティヴに意味を構築しているのである。

インタビュアーは回答者が意味構築するこのプロジェクトと関係がないどころか、伝統的なインタビューモデルでは特定化し、決定することができないほど、回答者に対して貢献する。すなわち、インタビュアーは回答者が物語を産出するように促したり、手助けしたりする。またその際に促されて産出された物語を構成する要素について、それとなく暗示したりする。アクティヴ・インタビューは、あらかじめデザインされたある特定の質問群によって決定されているというよりはむしろ、インタビュアーが提示する話題の一覧や、インタビューの目的やインタビュアーの質問によって、ゆるやかなかたちで方向が定められ、限定されているにすぎない。ここでの回答者のイメージは、インタビューのスケジュールに厳重に縛られた回答者ではない。むしろインタビュアーの研究計画というゆるやかな解釈の手綱につながれたストーリーテラーというものである。自分の生活について物語を話す適性を持つ能力があれば、原則的にはあらゆるひとびとがこのストーリーテラーになれる。

4 語りのリソース

ストーリーテラーとしての回答者は、自分の物語を話すために、自己の経験から得られた情報について、どのような在庫を呼び出すのだろうか。すなわち、回答者はどのようにして情報の貯蔵庫を利用するのだろうか。このような疑問に対して二種類の答えがあるだろう。その二つを比較してみよう。

もちろんその答えのひとつは、情報の在庫とは回答の容器のことであり、それに対するアクセスは比較的簡単であるという見方に基づいている。この見方では、回答者というものは、理想的な状況では、自分の主観的な感情や感覚、それに行動について、簡潔で正確に報告するとされる。ここでの回答者は、主体が持っている情報を報告する「リポーター」

として行動している。そしてもうひとつの答えは、情報の在庫とは、多様で、多面的な、常に生成しつつあるリソースであり、それに対するアクセスは、アクティヴに選択され、かつ構築されるという見方に基づいている。この見方によれば、回答者はインタビューの中でいま考察中の問題と関連すると思われる内容について解釈を加えるだけでなく、それを要求したりする。すなわち、その内容が回答として意味が通じるように、あるいはその内容をひとつに合体させると、当該状況において納得される妥当な物語になるように、関連情報を集めるのである。この場合、回答者は、経験から得られた情報を語る語り手（ナレーター）として行動している。

情報のストックを構築すること

アクティヴなアプローチでは、回答者を経験の語り手と見なすことによって、情報の貯蔵庫、すなわち情報の「ストック」を持っている主体（＝対象者）を主人公にする（Schutz, 1967）。そして回答者の情報ストックを構築することに実際に関わるのは、質問の内容とそれに対する回答に対応して、インタビュアーと回答者がそれぞれの役割を解釈しながら調整する方法である。例えば、ある回答者が自分の情報のストックのどこにアクセスするのかは、その回答者が取る役割によって決まってくる。すなわち、いま回答者が母親として話しているとか、成人した娘として話しているとか、あるいは配偶者として話すといった、その時々の役割によって決まってくるのである。かつてプール（Pool, 1957）が指摘していたように、インタビューから得られる経験的な情報、つまりデータは、回答者の経験に直接関わるものであるというよりはむしろ、その情報やデータが引き出された当該の演劇の場面に関わるものである。インタビューの表面的な中立性や公平なインタビュアーといったものとはまったく関係なく、回答者の情報のストックは、回答者の取る役割と連動して、インタビューのプロセスのあいだじゅう変化していくものである（この点は、インタビュアーにも同様に当てはまる。これについては5章と6章で論じる）。あらゆる実践的な目的にとって、情報のストックとは常に手元にあるストックのことである。痴呆症の高齢の母を家庭で介護する状況を説明した、ある回答者を例に取ろう。まず回答者が成人した娘の立場から話す場合、彼女が持っているいわゆる回答の容器は、彼女が妻として話す場合と非常に異なったものになるだろう（Abel, 1991を参照）。すなわち、成人した娘の立場をとった場合には、母親と娘という関係の歴史にまつわる感情や、さまざまな出来事の観点から回答を組み立てようとするだろう。つぎに配偶者として話す場合には、回答者の回答の収まる経験の範囲は、ちょうど夫との関係や家庭の問題に対応するだろう。以上のことから、もしインタビューの質問項目に答えるとき、どんな立場をとるかが明白でない場合、そこからいろいろな混乱が発生することになる。情報のストックというものは、その場で作られるものである。というのも、回答者は自分自身の生活に関する情報をただ伝えるだけでなく、それと同時に、回答者がアクセスする経験の内容や、その内容に含まれる多様な意味を活性化し、調整したりする、つまり、物語を話すからである。

物語を話している回答者の情報のストックは、受動的な回答者の回答の容器とは全く異なっている。情報のストックは物語を話すためのリソースとして、それ自体つねに変化していく、いくつかの異なった回答の容器に結びつけられる。その意味で、回答を確保したり、回答を伝達したりするのに利用され「客観的にそこにある」とされる複数の回答の容器は、回答者が取る役割や、当該状況におけるアイデンティティに依存している。つまり、例えば回答者が成人した娘として話しているときに、明らかにそこにあった回答の容器は、回答者が配偶者として話したり、母親として話したり、あるいは誰か他の人物として話したりする場合には、必ずしも同じ回答の容器であるとは限らない。すなわち、状況に応じて変化する「客観的にそこにあるとされるもの」、言い換えれば、回答者の情報のストックの「実際の内容」は、回答者が自分の経験に立ち戻って情報を取り出し、そこから回答を組み立てるときに取る立場に応じて変化するものである。

ところが、ここで採用してきた比喩、つまり、つねに変化していく、複数の回答の容器という比喩によっては、物語を話す時に利用されるリソースについて、そのダイナミックな特徴を完全に捉えることはできない。たとえば、成人した娘の視点から介護について話している回答者は、インタビューが進行していくなかで、今度は夫を持つ妻としての視点から自分の母親に対して感じることを、まさに初めて認めざるをえなくなるかもしれない。このケースの場合、彼女が自分の回答を引き出してきたいわゆる回答の容器は、実質的にインタビューの「中から」生まれてきたものである。つまり、回答者が最初の視点から質問にどうやって答えようと思慮しているうちに生まれてきたものだ。回答の容器という比喩をそのまま使って厳密に言うなら、回答の容器がつねに変化していくのではなく、むしろ新しい回答の容器が、いくつも同時に作り出されるのである。回答者の情報のストックの複雑な内容は、インタビューのなかで取得される多様なアイデンティティと分かちがたく織り合わされている。

情報のストックが歴史的であるのはその一部分にすぎない。なぜなら回答者が呼び出す情報は、つねに形成途中の情報である以上、そのまま回答者の過去を反映するものではないからだ。過去とは、現在について形成されつつあるもの、つまり人が人生について物語を話すことができる、そのつどそのつどの立場や役割に結びついている。そこで伝達される内容、すなわち、自分の経験の詳細と、それがインタビューの経過に沿って展開していく内容は、現在について形成されつつあるもの、つまり、インタビューの中で取得される役割によって決まる。ミシェル・フーコー（Michel Foucault, 1979, p. 31, 邦訳）が表現したように、アクティヴな回答者の経験の歴史とは、現在の歴史のことである。「同一の」回答者に対して、私たちは、同じ介護経験についても、母に対する過去からの態度と感情とを伴った、成人した娘の立場の解釈があると同時に、特定の感情の歴史を伴った、配偶者の立場からの解釈があり、さらにまた立場を変えれば、当該の立場に対応した解釈があると想像できる。このような歴史の形式を演劇のことばを使って言い換えれば、現在の役割のどれもが、それぞれ独自の過去の態度や感情、そして行動についての物語を語っているということになる。

アクティヴな回答者はアクティヴなインタビュアーと協同で、インタビューの展開に沿って自分の経験の歴史を構築する。この回答者の歴史は形成途中の歴史である。つまりそれは、過去に起こった出来事と結びつけられたり、過去の出来事について現在解釈されつつある事柄と関連づけられたり、あるいは、今ここにある未来の展望と結びついたりすることで、複雑なかたちで展開する。こうした経験が何らかの意見や感情、あるいは行動のかたちで呼び出されてきたとしても、それは過去の特徴であるだけでなく、現在の特徴でもある。たとえば、自分の母に対する過去の見方が、ひとつの意見として出てきたとき、それは回答者の過去に対する特定の視点から引き出され、伝達されたものである。そうだとすると、母親に対する過去の自分の見方について、いくつかの意見が存在することになる。つまり、自分の物語を語るとき、それが成人した娘の視点から語られるのか、または、妻としての視点から語られるのか、あるいは、働く母親の視点から語られるのかによって、いくつかの別々の意見が出てくるのである。実際、物語を語るときに利用されるリソースをこうした特定の視点に限定する必要はない。なぜなら、回答者が経験に基づいて正当であると考えるものであれば、どんな視点でも取ることができるからだ。

もし私たち調査者が、自分の母親に対して大嫌いであると同時に「大好き」だと感じると言う回答者に出会ったとしたら、この回答者をどう判断するかは、この回答者と回答者の経験的な情報の貯蔵庫との関係をどう解釈するかによって決まってくる。もしこの回答者を、回答の容器に入っていることをただ単に報告するレポーターであると見なせば、私たちは彼女の言い方が矛盾しており、したがって、この回答者にとって本物の実際の考えや感情とは一体何なのか探求しなくてはならなくなる。ところが、この回答者を物語をアクティヴに話すものと見なせば、いま検討中の経験の矛盾や多様性は、このインタビューに沿って解釈がなされる状況と結びつけることで明らかにすることができる。アクティヴなアプローチでは、回答者がある経験について複雑な説明をすることは普通のことであり、おきまりのことでもある。というのも、少なくとも、回答者に情報のストックがある限り、回答者は多様な情報の貯蔵庫を利用できるからだ。そしてアクティヴな回答者は、経験の説明をどんどん変化させていくのに、継続的に関わっている。

アクティヴな回答者が話す内容は、物語を話すためのリソースから流れ出てきたというよりはむしろ、構築されるものである。回答者の情報のストックは、インタビューの展開に伴って、成長したり、減少したり、内容が変わったりする。物語を話すためのリソースとしての情報のストックは、何かの事情で脱構築されることさえある。たとえば、ごくふつうの人だが、抜け目のない回答者が、自分がインタビューの最初に言ったことを途中で振り返って、私の回答の明らかな矛盾点はすべて、「本当」は「あなたがものごとをどう見るか」によって決まるのだ、つまり、それらは人が取る視点によって作り出されたものだと言った例がそれである。

ジュディス・グローバーマンは、トロント大学に勤める私と同じ研究者だが、彼女もまた、痴呆症の介護者にインタビューを行い、そこから回答者の情報のストックが変化する生き生きとした例を同じように見いだした。介護者たちが最初にインタビューを受けてから一年経ったとき、第二回目のインタビューを行うと、回答者は自分たちが前のインタビューで言ったことを詳細に至るまで思い出すという。そしてさらに重要なことは、回答者が自分たちの以前の回答にコメントするのは、彼らが現在思ったり、感じたりしていることに、前回の意見や感情や行為を結びつけて考えるからだという。そこでなされたコメントからわかることは、初回においては率直で一貫した報告と思われていたことが、こうしてもう一度「それについて考える」機会を与えられると、程度においてだけでなく、報告の性質においても変容してしまうということだ。

立場の変化とリソースの活性化

私たちがこれまで情報のストックと呼んできた、物語を話すためのリソースへのアクセスは、回答の容器にアクセスするような受け身的なものではない。情報のストックが実質的な内容を持ちながら、再帰的に起こり、同時にその場で作られていくという特徴を持っているので、そこにアクセスするためには受け身的というより、もっとダイナミックなアプローチが必要になる。回答者は、インタビュアーの手助けによって、自分の情報のストックのそれぞれ異なった局面を「活性化」する。私たちはインタビューの会話における、インタビュアーと回答者のギブアンドテイクの関係のなかに、そうした活性化を聞き取ることができる。たとえば、制限の課されていない自由なインタビューが展開されるとき、多くの場合、回答者が質問項目に答えて、内情を吐露するような言い回しをところどころに挟み入れるのである。たとえば「母親として話せば」「女性らしい考え方をすると」「彼女の立場になってみれば」「彼がそういったのを聞いた後では」「私のプロとしての資格から言うと」「考え直してみたら」「ちょっと努力してそれについて考えてみてくれたら」「いまそう質問してくれたので」「そのことについてはあまり自信がない」「これまでそんなことは本当に考えたことがなかった」といった言い回しである。こうした言い回しは、役割や物語を語るときの立場がつぎつぎと変化することを物語っている。そしてそれはつぎに、ある時点で取得された視点に関連する情報のストックを指しているし、物語を語るときの複雑さを物語る。

インタビューが展開する過程のなかで、回答者の取る立場は何度も変わるかもしれない。たとえば、ある時点では、回答者が成人した娘として語っていることが明白であるが、別の時点では、配偶者の役割を取っていることが明らかになるだろう。あるいは誰の視点を取っているのか明らかでないときもあるだろう。そうした場合には、アクティヴなインタビュアーは分析のためにも、調査の手続きの点でも、それが誰の視点なのか明らかにしなければならない（5章と8章を参照せよ）。インタビューが展開するある時点で、インタビューの質問自体が回答者に新しい役割や視点を促す場合がある。それはたとえば、回答者がいま考察中の問題についてこれまで考えたこともなかったと認めると同時に、インタビューが進んでいくうちに、自分でも知らないまま、まさにそのことを考えるようになった場合である。実際にしばしば回答者のコメントによって、回答者の取る視点がまさに「回答者」のものであることがわかることもある。そして回答者が後から自分でも認めるようになることだが、回答者になることが、これまで一度も取ったことのない立場であったりする。たとえば、テープレコーダーのスイッチを入れると、回答者が見た目にも落ち着きがなくなり、「そいつ（テープレコーダー）」がついたままだと、うまく考えられるかどうかわからないと言ったとしたら、テープレコーダーをつけたままで語ろうとすることと、もしそれをつけてなかったとしたら、実際に語ったこととが一致しないかもしれないと考えるだろう。回答の容器アプローチをとれば必然的に、回答者がテープレコーダーに反応してしまうことが問題になる。ところが、回答者をアクティヴなものと捉えれば、テープレコーダーに反応しないことが妥当なのではなく、それに代わる妥当性がいくつもあることを意味する。つまり、それとは別の物語のリソースによって「自然に」（そして妥当性をもって）伝達される回答は、テープレコーダーがついていても、同様に受容できる回答なのである。

回答者がどれほど多様な立場や視点を取ることができるか具体例を挙げて明らかにしよう。つぎの会話の抜粋は、痴呆症の母親を家庭で介護する成人した娘の回答者に対して、制限を課さない自由なインタビューを行ったものである。彼女はパートタイムの仕事についており、会社員の夫と、二人の息子と暮らしている。二人の息子のうち一人は、正規の単位取得を目的としないパートタイム大学生で、もう一人は常勤の警備員である。以下の会話抜粋が始まるのは、インタビュアー（I）が成人した娘（R）に、非常に多くのニーズと多忙なスケジュールを上手にやりくりしなければならないことについて、どのように感じているのか質問するところからである。この質問はいわゆる板ばさみの世代（サンドイッチ・ジェネレーション）の話と結びついている。つまり彼女が言うには、家庭を築かねばならないと同時に、病弱な高齢の両親のニーズについても責任を持つという二つのことのあいだに挟まれているという意味である。ここで注目してほしいのは、インタビュアーが回答者に、あなたが複雑な感情を持っていると言ったのはどういう意味ですかと尋ねると、回答者がこの問題について考えるのに、さまざまな方法があることを明示的に語っていることである。この語り方はまるで、この問題には一つ以上の物語のリソースが関係している（したがって、そこから矛盾した回答がでてくる）ということを言っているようだった。ここで回答者は物語を話す能力を大いに発揮している。すなわち彼女は、介護と家庭生活について可能性のある「内容」をいくつも語るだけでなく、そう語るなかで、インタビュアーに彼女がどうやって自分の回答を組み立てることができたのか、その方法を教えているのである。

I：いましがた話していた、あなたもそこに属しているって言っていたその世代のことを、あなたは何と呼んでいましたか？

R：私は板ばさみの世代（サンドイッチ・ジェネレーション）だって言われたんです。ほら、私たちは、母親を介護しなければならないし、それに、私の大きい子どもたちと夫を世話しなければならないでしょ。このふたつにサンドイッチされている世代だって。今は、昔より長生きするようになったし、家の中には複数の世代が同居していて、私が思うには、それは良くもあるし悪くもあるんです。

I：あなたの個人的な状況に即して、この板ばさみの世代についてどう思いますか。

R：ああ、それはわからないです。時々、自分はちょっと自分勝手かなと思います。四六時中母親を見張っていなきゃならないことに、いつも不平を言っているからです。もしちょっとでも警戒をゆるめると、彼女は裏庭に入ってうろうろしたり、玄関を出て街路に出て行ってしまうんです。夫も構ってもらいたがっているときには、それはおもしろくないことです。息子のノームは夜勤で働いているから日中家に居ることもかなり多いんです。私はなんとか数時間仕事に出ているけど、息子はそれが気に入らないんです。それでとても複雑な気持ちになるんです。

I：どういうことですか。

R：そうね、母親の娘としては、時々自分が思うことに、かなり罪深く感じると言えます。つまり、お母さんがただ逝ってくれたらって願うのは、かなり悪いことじゃないでしょうか。私の言ってることがわかりますか。彼女はずっと素晴らしい母親だったし、私は彼女をとても愛しています。でも、もしあなたが私に、妻として、母親として、どう感じるかと質問するなら、それはまた別の問題です。私は彼女（母親）が、そう、私たちの生活に侵入してきて、家庭を築こうとしているのに、それを地獄のようにめちゃくちゃにしてしまうと感じます。時々、私は自分を夫の立場にして考えてみます。すると、彼がどう感じているかわかるようになります。彼はほとんど何も言わないけれど、彼が私ともっと一緒にいたいと思っているっていうのがわかります。もちろん、私も彼のそばにいたいと思います。（間合い）。だから、私はあなたにどう答えればいいのでしょうか。

最後の回答者の問いかけに答えて、インタビュアーは、彼女が自分の考え方と感じ方を一番よく表していると思うやり方で答えてもよいと説明した。ところが両者のやりとりが進展していくなかで、回答者の考え方や感じ方について物語を話していくことがあまりに複雑であるため、「一番よく」ということばが、その状態を表すことに失敗していることが明らかになった。つぎに挙げる会話抜粋では、回答者が、カテゴリーとしては別々のアイデンティティに対応するように自分の回答を分類しようと努力する様子に注目してほしい。ある時点で彼女は、彼女の夫と息子たちの「男は（女と）同じような感じ方はしない」といった彼らのふるまいからいろいろと考えたので、いまでは一人の妻として、どんな感じ方ができるのか、または、どんな感じ方をすべきなのかわかったと説明した。このことが示しているのは、彼女自身の考え方や感じ方も、ジェンダー化された知識の貯蔵庫から引き出されて構築されたということである。またもうひとつ注目すべき点は、いくつかの箇所で、インタビュアーが回答者と協同して、彼女のアイデンティティを回答者として定義しようとしているところである。すなわち、つぎの会話抜粋の一番最後では、他の回答者の返答も参照すれば、彼女がどうやって自分の回答を組み立てたのか明らかにするのに役立つかもしれないと、この回答者自身が提案しているのである。

R：私は彼ら（つまり夫と息子たち）の立場にたって考えてみようとして、彼らの見方、そう、つまり男性の考え方からものごとを見てみようとしました。つまり夫にとってはパート勤めをしている妻で、息子たちにとってはママである私に対して、彼らがどのように感じているのか自問しました。自分がもし彼らだったらどう感じるのか自問しました。うそじゃないですが、私は彼（夫）が私についてひどく不愉快に感じていることは知っています。男っていうのは、いつも不機嫌なんです。男っていうのはわがままで、いつでもそうなんです。そして、問題は何もないっていう感じで、まったく動かないいんです。わたしはこれまで、頭の中であらゆることをたくさん考えすぎて、頭が変になってしまうと思っていました。そういうときには、私はあらゆることを一度に考えなければならない状況で、ひとつのことを終えてつぎのことに移ることができませんでした。それがどういったものかわかりますか。ひとつのことをやっているうちに、それとは別なことがうまくできなかったことに気分が滅入ってきて、一度やったことや言ったことを、もう一度やり直そうと思うんです。わたしは、これが女性のやり方だと思うんです。このことは私が私自身について学んだことだと思います。わからないいけど。それについて考え出すと、とても複雑になってきます。（間合い）ちょっとまって、私は本当はどう感じているのかしら。

I：えーと、ちょっと疑問に思っていたんですが、あなたはちょっと前に、板ばさみ（サンドイッチ）のようだと言いましたけど、一人の女性としては何を感じますか。

R：はい、そう言いました。けれども私は、息子のノームや他の男の子たちがどう感じるのかわかるまでは、私のような女性が何を感じるのか、それほどはっきりとわからなかったんです。私は男性たちが物事を整理して考えるのがとてもうまいことにすぐ気づきました。でも、えーと、私にはとてもじゃないけどそれができないんです。それは、えーと、男性はものごとを女性と同じようには感じないからでしょうね。とにかく私は、男性たちのやり方では絶対やりたくなかったんです。女性として、私は彼らのやり方が正しいとは絶対思わないんです。言ってることがわかりますか。つまり、よく言われているように「あなたはあなた、私は私」っていうふうに、お互いじゃませずやっていくしかないと思います。

I：でも、娘としてはどうですか？

R：ええ、それもね。いつも私の足手まといになっている母親がいることに、私がどう感じているのか質問するなら、こう言いましょう。つまり、それほど昔ではないころ、私がまだ小さかったとき、とても足手まといになっていたけど、母は決して文句を言わなかった。しかも彼女はお店で父親の手伝いもしていたことを覚えています。だから私は自分が健康で、彼女の身の回りの世話をすることがうれしいと言えると思います。正直なところ、もしそうしなければならなくなったら、初めからやり直してもいいんです。あなたは他の女性にもこのことについて聞いたと思いますが、彼女たちは何を話しましたか。

I：ああそうですね。

R：あらやだ、あなたを困らせるつもりはありません。ただもし私と同じような立場の人たちが、どう感じているのかわかれば、あなたに今説明したよりも、もっとうまくものごとを整理して考えることができるかもしれないと考えただけです。

この回答者のように、いま問題になっているテーマについてコメントすると同時に、それに対する回答を適切に表現する方法についてコメントすることは、インタビューにおいては無視できないほどありふれた現象である。こうしたコメントがあるということは、回答者がインタビュアーと協同で、質問と回答のやりとりと不可分のものとして、物語のリソースを活性化していることを示している。ところが標準化されたインタビュー法では、このリソースの活性化のプロセス自体がインタビューを構成する一部分として考えられていないために、データとして考慮されることはないのである。その例外として考察の対象となる可能性があるとすれば、それは伝統的にはインタビューのスケジュールの最後に取っておかれる、インタビュアー自身のコメントの場所である。皮肉なことに、コンヴァースとシューマンは『ランダムな会話』（Converse and Schuman, *Conversation at Random*, 1974）のなかで「インタビュアー自身が考えるようなサーベイ調査」には、このようなリソースの活性化がいたるところでなされていることを認めている。明示的ではないにせよ、彼らが認めたことは、ある種の譲歩と解釈してよいだろう。すなわち、もしインタビュアーの説明を深刻に受け止めたとしたら、インタビューとインタビューから得られたデータとは、そこで解釈活動がなされているという証拠であるということだ。ところが、回答の容器という考え方に忠実に、そしてプロとしての用心深さでもって執着することによって、事態を正しく伝えずに、裏切ってしまうのである。

もしここでインタビューをアクティヴなものと見なせば、インタビュアーはインタビューの最中に、回答者にいくつもの立場を移動するよう促すことができるようになる。そしてそれによって、回答者はそれぞれ別々の多様な視点や、多様な情報のストックを探求することができるようになる。ここでの目標は、最も良い本質的な唯一の回答を探すことではなく、むしろ複数の適切な情報の獲得方法を、つまり回答として可能性のあるものを体系的に活性化してやることである。そしてこうしたいくつかの回答は、どれほど多様で矛盾していたとしても、回答者によって打ち明けられるものである。もちろんここには私たちがつぎに扱う、アクティヴなインタビュアーも関わってくる。

5 アクティヴなインタビュアー

むろんかなり厳しい制約がつくものの、サーベイ研究の方法論でさえ、インタビュアーはアクティヴでなければならないとしている。すなわち、インタビュアーは予め定式化された質問に対してだが、それらに対する答えを巧みに引き出すよう指示されている。しかも、インタビュアーは受動的な回答者の回答の容器に入っているものを、なるべく損なわないという制約がある。じっさい、インタビュアーは次のようなガイドラインを守るよう勧告されるのが一般的なので、標準的インタビューにおける制約は常套句かもしれないと思えてくる。

1　質問は書いてあるとおりに読み上げること。
2　最初の質問に対する回答者の答えが、もし不完全で、適切なものでなかったとしたら、その回答を明確化し、精緻化すること。ただしその際には、そこから出てきた回答内容に影響を及ぼさないやり方でやること。
3　回答はインタビュアーの裁量を入れずに記録せねばならない。記録された答えには回答者の言ったことが反映していなければならない。しかも、言ったことだけを反映していなければならない。
4　インタビュアーは、回答内容について中立的で、偏った判断を避ける構えを相手にわからせる必要がある。インタビュアーは、インタビューの中で触れられた話題について、いかなる特定の価値や嗜好を示唆するような個人的な情報をも与えてはならない。またインタビュアーは、回答者の答えた特定の内容に関して、正負いずれであれ、いかなるフィードバックを行ってもいけない。（Flower & Mangione, 1990, p. 33）

この公正無私な触媒としてのインタビュアーというイメージは、インタビューの実践とどうもしっくり合わないように思える。たとえインタビュアーは「あたかもスポンジのように、ただ情報を吸い上げ、こちらからは何も返してはいけない」（Backstrom & Hursh, 1963, p.

135）と言われたとしても、コンヴァースとシューマンが説くところによれば、インタビュアーは会話をする文脈であるにもかかわらず、中立的な探求を行うという「途切れることのない板ばさみ状態」に直面する（Converse & Shuman, 1974, pp. 22-36）。だが、関与せずにいようとする試みはたいてい挫折する。じっさい、ある研究によって示されたところでは、サーベイ調査のインタビューが始まってからインタビュアーが発した言葉の五〇パーセントほどは、計画された質問でも中立的な探索でもない別の事柄であった（Cannell, Fisher, & Marquis, 1968）。会話は単なる偶発的な「おしゃべり」ではなく、そこには研究遂行にとって重要な発話が含まれている。

語りの産出を活性化する

もしも回答の産出において、インタビュアーがこのように深く関与しているとするなら、インタビュアーの役割についてわれわれはまったく新たな概念化を必要とする。回答者がアクティヴに答えを構築し組み立てるといっても、ただ単に彼ないし彼女がいわば「急に話し出す」というわけではない。洗練された語りも一言で済む答えも、何の誘発もなしに回答者から急にとび出てくるわけではない。アクティヴなインタビュアーには、回答者を誘発して答えさせるようにする責務がある。しかもアクティヴなインタビュアーは私情を交えずに質問するどころか、それ以上のことを行っている。つまり「語りの産出を活性化している」のである。標準的アプローチが、中立的で情を交えない刺激以外のものをすべて、インタビューから取り去ろうとするのに対し、自覚的にアクティヴであろうとするインタビュアーは、意図的に、しかも協同して回答を誘い出そうとする。すなわち、インタビュアーは回答者が調査の対象となる問題に本腰で取り組めるように、物語を話す時の立場や語りのリソース、そして、回答者が取るべき方向づけや、この問題の前例などを示したり、ときには提案さえすることもある。

アクティヴなインタビュアーは、研究者の関心に密接に結びついた回答を誘い出すのはもちろんのこと、同時にそれを制限もしながら、回答の一般的な指標を設定する。インタビュアーは回答者に何を話すべきか指図したりはしないが、いろいろな問題を適切に概念化して結びつける方法を提供するのである。ここで言う適切な方法とは、調査のトピックによって定義される部分もあれば、回答が進行していくにつれて作られる実質的な意味の地平によって定義される部分もある。アクティヴな回答者は広範囲な語りのリソースを選択的に利用するかもしれないが、回答者が構築する物語を手元の研究テーマへと導いて、牽引するのはアクティヴなインタビュアーの役目である。

回答の誘発とナラティヴの優先

予め設定された質問は、回答者の答えを生む触媒にはなるかもしれないが、それ以外の無数の相互行為的で言説を伴った身振りもまた回答を誘発し、形づくる。たとえば、インタビューを求める単なる誘いが、ある回答者にとっては時としてとんでもない刺激を与えることもある。その例として、成人のグループホーム施設の高齢の入居者について研究をするなかで、長大で詳細にわたるライフストーリーの語りが喚起されるのに、いかにわずかな時間もかからなかったかを見てほしい。この事例では、インタビュアー（I）が回答者に自己紹介をし、手短にインタビューの目的を説明し、つぎのようなごく簡潔なお願いのことばによって調査を開始した。それに対し回答者（R）は熱心に応えた。

I：あなたの人生について聞かせて下さい。

R：ええと、上のこの兄さんのおかげでね、私は彼にすっかり入れあげてしまったもんで、ほんとに私の人生はみごとにつまずいちまったんだよ。兄はパーティーに招かれていなくて、私は招かれていたんだが、で結局彼のせいで私は行けずじまいで。私が成長するにつれ、こんな具合にこのことが人生を染め上げていったさ……

三十分後、回答者はまだ話の真っ最中であった。とうとう、この回答者がどれほど「まいった」のかコメントした後で、インタビュアーは冒頭の質問を再度たずねた。

R：……わたしゃまるで、リングに長くいすぎたプロボクサーみたいな気分だよ。今は少しばかりまいってしまったよ。

I：もしあなたがご自分の人生を物語にするとしたら、どう書くんでしょう、章立てするとすれば、どの章では何について書かれるんでしょうか。

三十分間にわたって繰り広げられた、生活、性愛、辛苦、仕事、職業、家族、そしてこちらが思いもよらぬ当時の関心事などからなる語りのあいだ、インタビュアーは、わずかに数えるばかりの相槌を打ったのと、発言内容の明確化を簡単に求めた以外には、なにも口をはさまなかった。回答者は、その語り手としての気質を開花させるために、インタビュアーからの促しはまったく必要なかった。まるで「インタビュー」という設定がほとんど必要ではないように見えたのである。

ところが、このようにインタビュー状況を描いてしまうと、ライフストーリーが新たに生まれてくるように、インタビュアーが物語を促進したり、その前例を提供したりするいくつかの重要な方法を見過ごしがちになる。たとえばわれわれが先に「インタビュアーが回答者に自己紹介をし、手短にインタビューの目的を説明し、つぎのようなごく簡潔なお願いのことばによって調査を開始した」と書いたとき、まるで「ついでに」このことを言っておいたかのようで、このことが情報収集のプロセスにとって偶発的でもあるかのような口ぶりだった。しかしわれわれは、この「前置き」作業が回答者の物語を喚起するのにいかに重要であるかをきちんと示さなかったのである。

アクティヴな視点からすると、インタビュアーと回答者間の相互作用のあらゆる局面は、インタビューをどう進めるかについての前例となりうる。インタビュアーの自己紹介や、これから行う調査を紹介するという、まさにそこから始めることによって、インタビュアーはこれから展開する会話に対して、物語のリソースと準拠すべきポイントを提供するのである。上の例では、回答者は、大学の研究者がかれらの現在までの人生や経験についてかれらと話をしたがっていると聞かされていた。そして、どのインタビューも始まり方が同じだった。つまり「誰もがライフストーリーを持っています。もしよろしければ二〇分かそれくらいであなたの人生を話してください。何でもお好きなことから始めて下さい」。

この研究テーマの紹介と最初の発話への誘いが、どれほど短く嫌味のないものであろうと、えらい「センセイ」が自分たち回答者の話に興味を持っていることを伝える役目を果たしてしまっている。そればかりでなく、このように導入すると、回答者がどれほど自分自身の経験を卑小でありきたりなものと考えていようと、それにはお構いなく、「全体としての」かれらの人生を現在の状況に関連づけて焦点化することになる。こうして新たに生まれたライフストーリーが今度は、新しく生まれた経験的な土台となり、それはこの調査にとって意味のある限りで、回答者がかれらの過去、現在、未来の局面についてさらに語るように促すのである。

研究者の単なるアイデンティティすら、回答者の話に口火を切らせ、回答者がどう答えたらいいのか、当該の回答者の答える立場を提供した。つまり、大学教授あるいは「その分野の専門家」がやってきて誰かの意見を尋ねるという機会があるだけで、それは多くの回答者が驚嘆すべきほど詳細な生活誌を構築するのに十分な誘因となった。同様の理由で、回答者の中には、権威ある人物の「偉さ」によって威圧されるという者もいる。また年配女性は年の若いインタビュアーに対して、もしもインタビュアーが彼らの関係について別の理解を促そうとしなかったなら、「母親として」インタビュアーに向かい合ったかもしれない。あるいはもしもインタビュアーが彼あるいは彼女自身を、自らの資格を専門家として提示するのではなく、目下のテーマに対して無知であるか、好奇心を持っている存在として自己提示できたとしたら、回答者が「専門家」の役割を引き受けるかもしれない。ここで重要なことは、特定のアイデンティティを組み立てることが、良い関係（ラポール）を打ち立てたり、偏りのない公平な雰囲気を維持するのに望ましいということではない。そうではなく、「いかなる」アイデンティティの提示も、それ自体考察の対象にしなければならないし、また、適切な話題についての語りを促進するような活動として、ある程度、アクティヴに操作できるということだ。つまり、アイデンティティの提示は、取り除いたり、標準化しなければならないようなものではない。むしろそれは、回答者を調査のテーマに前向きに関わらせるためにアクティヴに利用されるべきものである。

語りを条件づける

インタビュアーのアイデンティティと同じように、常識的にはただ単に調査を紹介したり、会話を円滑にしたり、あるいはラポールを育むものと見なされる会話も、インタビューというプロセスのアクティヴで重要な部分として見ることができる。標準的なインタビューのモデルにおいては、そのような会話は情報の収集にとって偶発的なことで、コミュニケーションの促進だけを目的として行われると考えられている。このような標準的な理解からすれば、一つの質問から別の質問への移行を円滑にする導入的なことばは、質問の中立性を保つための工夫である。ところが、アクティヴなインタビューという視点で見れば、こうした会話がこれから展開する物語に対して、前例と方向性とを提供していることが明らかに理解できる。

インタビューの導入部は、アクティヴな回答者が、かれらの経験という広野を進むときの道案内をする標識のようなものである。それは、経験について思考し、経験と経験とを結びつける適切な方法を指し示す。そしてこの導入部はさらにまた、多様なリソースを利用可能なものとし、その場で現われてくる物語を条件づける。標準的なインタビュー法でなされる以下の三つの導入部分によって、インタビューに参加する回答者に対してそれぞれどんな前例が提供されるかを考えてみよう。

導入A

こんにちは！　私は国立世論調査研究所より参りました（　　　　）です。私たちは、人々が余暇時間——つまり、仕事をしていない余分の時間——のあいだに行う様々な活動について、一般的にどのような感じ方をしているか、全国規模で調査しています。お聞きする質問は、あなたがテレビを見たり、スポーツイベントに出かけるのにかける時間や、その時の気分について、あるいは、あなたの社交活動に関すること、また中にはあなたの酒類のたしなみについてお尋ねする質問もあります。(Sudman & Bradburn, 1983, p. 216)

導入B

ここ数年間、われわれの州立大学や大学に関する政策や運営のあるべき姿について、多くの議論がなされてきました。ここ、ワシントン州立大学(WSU)にておうかがいする質問の中には、次のようなものが含まれています。つまりWSU集会は、州の住民が必要としていたり、望んでいるものですか?……われわれがこのような調査研究を行う理由は、だれもが税金を払うことを通じてワシントン州立大学を支える立場にあるワシントン州住民に、こうした重要な問題についてどういう意見を持っているかを聴取すべきだとわたしたちが感じているからです。(Dillman, 1978, p. 168)

導入C

あなたはこの学校の元生徒なので、あなたの学校の提供する職業プログラムとそれ以外のプログラムが、あなたが生計を立てるためにどれくらいうまくあなたのニーズに合致

したのか、学校側が知りたがっています。（Dillman, 1978, p. 168）

以上のような導入部は、標準的なインタビュー調査の導入として企画されただけで、これがどんな研究なのか説明し、回答者にこの調査が役に立つことを納得してもらうためだけのものなので、どの程度インタビューのプロセスを条件づけるのかについては真剣に考えられてこなかった。しかしながらこういった話の切り出し方は、それぞれのやり方で、これからなされる質問に対して回答者を位置づけるのに大きな影響を与えている。たとえば導入Aは、きわめて「日常的な」インタビューに回答者を関わらせる準備をする。これは回答者に、いくつかのありふれた事柄について、何らかの感じ方を持っている「人びと」の中の一人として意見を尋ねるものである。この導入文が強調するのは、大事なのは「あなたの」意見や気分や活動なのだということである。これとは対照的に、導入Bは回答者を、税金を払っている州住民であり、税の使い道について意見を表明する権利を有している者として位置づけている。導入Cはより限定的に、「かつての生徒」の意見を尋ねている。各導入文は、回答者がどの視点からそれぞれ回答すべきかをアクティヴに指定している。意図的かどうかはともかく、回答者は特定の立場に位置づけられ、そこで明確でなくとも暗示的に、インタビューの話題やそれに続く質問に対して取るべきオリエンテーションを提示されるのである。

アクティヴなインタビュアーであれば、個別的にかつ戦略的に回答者にさまざまな立場を提示することによって、このような回答者の位置づけの場面について、より明示的に説明することができる。たとえば、あるコミュニティに立脚した癌予防機構であるCCC（コミュニティ癌予防機構）について、この機構と他の組織との関係を調査し、さらに、CCCの調整役としての機能を調べるインタビュー調査によって達成されたものは何か考えてみよう。「重要なインフォーマント」に対しては、あまり構造化されていないインタビュー法を導入した。それによって、CCCが当該コミュニティの他の複数の癌予防組織のさまざまな活動を、どれほどうまく調整できていたかを論じて評価するように頼むことができた。このようなインタビュー法を導入することで、回答者は自分たちが「CCCを評価するために組織を代表して選ばれた」ことを明示的に伝えられることになった。大学に基盤をおく癌センターの幹部は、組織を代表する観点から、次のように回答した。つまり「CCCが効果的な調整を行っているというふうには思えない。……私たちのすぐ後で、彼らがある組織に入り込んだときは、彼らはうまく調整できなかった。……時としてわれわれは互いにじゃましあい、同じものを追求して競争することもあった」。その後、インタビューの終わり近くで、インタビュアーは意図的にその幹部に対し彼女自身の立場を再度別な立場に位置づけなおすよう求めた。「もしあなたがＣＣＣのことを、腫瘍学組織調整グループ（トップレベルの幹部連合）の視点から考えるとすれば、彼らの調整についてどのように評価なさいますか？」。この幹部はこう答えた。「われわれが同じサービスを二重に行っていると私が考える限り、彼らとわれわれとが日常的に一緒に仕事をすれば、確かにわれわれと彼らの各々の役割が明らかになるし、カレンダーの調整ができるようになります。つまり、まずわれわれが何を考えているのか、お互いに知らせ合おうじゃないかといったことです。こうしたことは認めざるをえないですね」。

こうして、アクティヴなインタビュアーは、状況に応じて変化する基準を使って評価を誘い出した。その結果、いま見たように劇的に異なった判断が導かれたのである。回答の容器アプローチからすると、表面上同じような質問に対して、二つのはっきりと異なる――つまりは「信頼できない」――答えがなされたのを見て、このインタビューの信頼性に疑問が向けられるにちがいない。しかしこれをアクティヴ・インタビューの立場から見ると、回答者の立場を再度別な立場に位置づけなおすことで、インタビュアーは二つの、どちらも同じように正統で権威ある評価を引き出したのである。この二つの評価は、いま問題になっている状況について、異なってはいるが、非常に重要な二つの局面に対して、ある組織として限定されたオリエンテーションをそれぞれ反映している。

インタビューの会話のほとんどすべての局面は、回答を条件づけることができる。たとえば、標準的インタビューでは、移動のことばは質問と質問のあいだを会話によって橋渡しすることと見なされる。それらは、相互行為上必要な工夫であり、実際の回答の産出にとってだいたいは偶発的なものと考えられている。しかしこういった工夫によって、物語の方向性に重要な転換がもたらされ、それが回答者の解釈の焦点に影響を与えることもある。つぎのような例を考えてみてほしい。すなわち、サーベイ・インタビューの特定の質問から別な質問へと内部で移動すると、それによって回答者はある独特な解釈上の立場を取るように促されるのである。これはすぐ前に論じた、調査の導入の役割と似たプロセスである。

たとえそれが起こりそうもないことだとしても、もしもあなたが配偶者と離れて別居していたら、あなたの人生のさまざまの領域がどのように違っていたか、ちょっとの間考えてみましょう。次に示す各領域について、事態はどのように変わったと思いますか？（Institute for Survey Research, 1987）

この質問の移動によって、回答者がこれに続く質問に答えるために、ある立場に巧みに誘導されていることに注意したい。じっさいこうした言い方は、言うべき内容を考える方法を回答者に実質的に指示するものである。

「物語の方向を指示する」別な言い方によって、当初は特定の範囲の回答を正統化する意図があったにもかかわらず、実際には多様な解釈上のリソースが提示される。たとえば、あるサーベイ調査の質問の移動と導入部分によって、回答者が「ワシントンの政府」についてどのように感じるか、ある特定の選択肢が提示され、暗黙裡にそれとは別の選択肢は抑圧されるのである。

なかには、ワシントンの政府が国の財産や個々の人間に対して過度に力を及ぼすようになることを恐れている人もいます。またそれとは別に、ワシントンの政府はそれほど力をもっていないと感じている人もいます。あなたの意見はこれに賛成ですか、それとも違いますか？（Center for Political Studies, 1992）

この箇所ではインタビュアーが特定の意見の見本を明らかに与えており、回答者がいま問題になっている話題を意味づける適切な方法を提案している。

ここで筆者らは、標準的なインタビュー形式が、回答者の視点を不注意にも損ねてしまっていることを批判しようとしているのではない。むしろ、これらの例は一見もっとも受動的に見えるインタビューですらも、不可避的にアクティヴであらざるをえないことを示している。解釈がつねに文脈依存的であることを考えると、アクティヴ・インタビューは、語りを産出するために準拠枠を操作する方法について、もっと明示的になることができるのである。

背景知の利用

コンテクスト（文脈）に対して敏感になれば、インタビュアーは、当該のインタビューが埋め込まれている文化的「民族誌的背景」について最低限でも意識化する必要が明らかになる。インタビュアーは、適切な質問を行ったり、回答の意味を解釈するためには、「ローカルな状況を知って」いなければならないとしばしば釘を刺されてきた（Briggs, 1986; Cicourel, 1964を見よ）。アクティヴなインタビュアーは背景知を頼りにすることで、調査をもっと生産的なものにすることができる。つまりそれによって、現地に固有の解釈的リソースや視点、それに現地の際だった特色を自分の調査に取り入れることができるようになる。ここではもちろん、インタビューと民族誌的観察とを結びつけたほうがよいと間接的に主張している。それによって、インフォーマントとの信頼関係を高めたり、インフォーマントをよりよく理解できるだけでなく、ローカルな経験の内容を明らかにして、利用することができる。

　インタビュアーの背景知は時として、回答者が自分のおかれた状況や、自分の行為や心情を探索して説明しようとするのを支援する計りしれないほど貴重なリソースとなる場合がある。じっさい、インタビュアーが回答者と共通の経験を引き合いに出すことは、両者の質問と回答がそこに焦点を結ぶような、具体的な準拠点を提供するのにしばしば有効な方法である。たとえば、精神病だと言われている人々を最終的には精神病院に入院させることになる措置入院の審理手続きに関する研究（Holstein, 1993）のなかで、調査者は地方検事（DA）事務所の代表と何度かインタビューを行うことで、地方検事が訴訟の取り扱い方と立論の戦略について、どんな洞察を持っているか探り出そうとした。このインタビューからさまざまな情報が得られたが、そこから得られた回答のほとんどは、地方検事の行為を厳密に「型どおりに」描写するものだった。つまり、地方検事は、自分たちの活動内容と訴訟事例の扱い方について、措置入院事例を処理する理念型モデルに基づいて説明したのだった。その結果、彼らが日常実践している慣行が、そのモデルと具体的にどのように関連するのか、ほとんど何の説明もでてこなかった。

この調査のためにいくつもの訴訟を見てきたことで、調査者は法廷での日常的な出来事にどんどん慣れていき、一人の地方検事とインタビューしているあいだ、調査者が過去数週間のあいだに見聞した事例を引き合いに出し始めるようになった。すると「あなたはどうやって、患者候補者たちが日常生活に支障をきたしていると確信をもって判断しますか」といった抽象的な質問をする代わりに、調査者は次のように質問することができるようになった。「昨日あなたは、あの男が誰の目にもトラブルの真の徴候だと思わせるようなことをいくつか言った、とおっしゃってましたね。その事件はどうやって起こったのですか」。この質問に加えて、いま問題になっている事例の特定の局面について、さらにいくつかの追加質問をすると、それに刺激されるかたちで、地方検事はこの特定の患者候補の調査をどのように行ったか極めて詳細な説明をし始めた。そして同時に、この特定の事例に関連して、日常実践している彼特有の調査慣行について一般化して説明した。最終的に彼は「私はただ彼が自分で自分の首を絞めるがままにしておいただけだ」という言葉で締めくくった。これは、措置入院手続きをさらに分析するときの分析上の焦点となるような日常慣行のひとつについて、仲間内で使われる、生き生きしたレッテルを与えることになった(Holstein, 1988, 1993)。

インタビューという経験それ自体が、役に立つ背景知をもたらしうる。ある特定の回答者が表明した情報や感情をもとにして、他の回答者の経験をそれと具体的に関係づけることができる。標準的なインタビュアーは、一つのインタビューから別のインタビューへ情報が「漏れる」のを食い止めようとするが、これに対して、アクティヴ・インタビューではインタビュアーは、これまでのインタビューから収集され、どんどん増えていく背景知のストックを利用して、具体的な質問を考えたり、回答者がおかれた状況の諸側面についてさらに明らかにすることができる。このようなことは、もし背景知のストックがなければできなかったであろう。

したがって、これまでなされたインタビューの経験というものは、インタビュアーにとっても回答者にとっても、ひとつのリソースとして利用できる。回答者の活動をとりまく状況がインタビュアーにだんだんわかってくると、インタビュアーは、このような回答者の状況を参照することによって、回答者の経験の場所と、研究者自身のより抽象的で概念的な問題や質問とを結びつけることができるようになる。回答者は、自分たちの物語を具体的に貼りつける対象をもっている。そしてインタビュアーと回答者の両者が、お互いになされる会話を理解できるのは、いま問題になっている状況が彼らになじみ深いものになったからである。ディヴォールト（DeVault, 1990）は、フェミニズムに敏感なインタビューを行なうには、女性の経験についての背景知に立脚した、的確な質問と傾聴とが必要であると主張する。われわれは彼女の主張をさらに一般化したい。すなわち、「どんな」調査状況においても、そしてそこに「いかなるタイプの」インタビュアーや回答者がいても、そこにある背景知はインタビューにオリエンテーションと前例を与え、研究者の関心を回答者の経験に結びつけ、具体と抽象とを架橋するのである。

物語の案内と制約

アクティヴ・インタビューは質問をしたり答えを記録したりするだけではない。日常会話と同じように、支障のない会話のやり取りを支えるのは、参加者がお互いの発話に注目しあうことと、相手をモニターすること、そして応答しあうことである（Sacks et al., 1974）。標準的なインタビューのモデルでは、インタビュアーが会話に参加することは窮屈に限定されているが、それとはちがって、アクティヴなインタビュアーは思慮深く回答者とやりとりする。すなわち回答者との相互行為を通して、インタビュアーはいま問題になっているテーマに関連する回答者の経験について、彼らがそれを表現できるような言説的な土台を確立するのである。ここには、標準的なインタビュー手続が忌み嫌う、インタビュアーと回答者とのあいだのギブアンドテイクが、一定程度含まれている。いわばインタビュアーは、単に「会話を途切れさせせない」だけでなく、研究上必要な焦点を維持するために、語りに対する一定の案内を回答者に対して提供するのである。

たとえば、それぞれ異なった「ライフコース」のインタビューを行なうインタビュアーたちは、その場で新たに生まれてくるライフストーリーの構成要素をうまく表現したり、さらに続けさせる手助けをするし、その過程で、物語の産出を案内するのである。人生の全体と比較して、老人ホームの住人の生活の質（QOL）をテーマにしたひとつの調査（Gubrium, 1993を見よ）では、高齢の対象者にとって、後になって重要であるとわかった人生の出来事について、高齢者から物語が自由に出てくるように調査を設計したために、ほとんど構造化されていない質問項目が必要になった。この調査では、とくに彼らの現在の関心と結びつけて、彼ら自身が主観的に自分の人生のなかで重要だと考える人生模様や、自分の人生の解釈を物語っていくことが強調された。あるインタビューでは、インタビュアー（I）と八三歳の未亡人（R）との間に次のようなやり取りが生れた。

I：多くの人は自分の人生を、ある特定のコースを持つものとして考えます。たとえば昇ったりとか降りたり、とかいったふうにですね。なかには自分の人生は下り坂ではない、と思っている人もいます。また人生を一つの円をなすものと考える人もいます。

あなたは自分の人生をどのように見てますか？　それはどのような行路をたどってきましたか？

R：私の人生はもつれたものでした。でもどれだけ厄介なことがあったとしても、私はとてもいい人生を送りました。自分自身の面倒をみることもできたし、（沈黙）……今日までは。（回答者は最近、腰をいためていた）

I：あなたの人生がもつれたものだった、というのはどういう点でですか。おっしゃるとすれば。

R：えーと、（最初の結婚をして）あそこへ行って、そして離婚したあと、神様はすばらしい結婚を与えてくれたんです。彼はとっても良くって愛してくれた。私ら二人とも年とるごとに人生上向いてきたんです。

I：年とるごとに上向きになったということが重要だと思うんですね？

R：はい、年とるほどに良くなっていったと思います。私たちは貧乏で、私は朝六時から働き出して、真夜中の二時半くらいまで、どうかするともっと遅くまで働いたし、時間外まで働いて、稼いだお金は全部、家のためにつぎ込んだんですよ。

I：どんな仕事をしたんですか？

R：カフェで働いてました……当時のお金の価値でも、ずいぶんいいお金になったもんですよ。あの頃十セントで、いまの一ドルよりもっとたくさんのものが買えたんです。いまはひどいもんですよ。でも私はいまでも歩いてますよ。私にはそこいらを歩き回って、ここらの人たちとおしゃべりする楽しみがあります。……座っているのはいやですね。この車いすは私の足を麻痺させるんです（R笑う）。でも、手すりにつかまって何とか起きあがり、そして下の方に向かって歩いていくんです。そして車椅子の後から車椅子を押して歩いていくんです。

I：もしあなたの人生を紙の上に描いてみるとすれば？

R：それはもつれてぐちゃぐちゃだから、あなたには何だかわかんないわよ。私にもわかんないわ。私、言ったでしょ、私はいつも幸せだったって。なぜだかはわかんないわ。息子と私の夫が死ぬ前までは。主人は一九七三年に死んだわ。彼は七三で、一九七三年に亡くなったの。

I：あなたの人生の中で、人生の方向や針路を変えるような、なにか特別な出来事は起こりませんでしたか？　そういった重大なことと言えば、それは何だとおっしゃりますか？

R：ええ、私の一番上の息子が軍隊にいって、……

回答者はこのあと、ありふれた家族内の問題、息子が兵役で海外に行っていた間の心配事、彼女の家庭のこと、愛する二番目の夫のこと、ウェイトレスのキャリア、そして文字通り経験の迷宮として立ち現われた人生の無数のこまごまとした雑事がつらなった、詳細なライフストーリーを述べはじめた。それらの意味は、ストーリーの中で確立され、複雑で紆余曲折をもった人生模様に全面的に結びつけられていた。

この例の中で注目してほしいのは、人生をさまざまな方向性を持った「コース」として考えるための前例を、インタビュアーがうまく提供していることである。そうするなかでインタビュアーは、彼が誘い出そうとするライフストーリーについて、大まかな物語の構成要素を確保している。そしてこの構成要素については、これに続くインタビューでも何箇所かの節目において、再三穏便に回復されている。まずはじめに彼は、彼女が人生の比喩として出した「もつれたもの」ということばの方向に回答者を積極的に誘導し案内していった。そしてその後、彼女のストーリーを「コースにそったもの」へと少しずつ持っていこうとした。すなわち彼女に「重要だったこと」をもう一度言ってくれるように求めることで、再び、ライフコースに沿ったストーリーに焦点をおいたのである。インタビュアーは、決して押し付けがましくはないが、それでも回答者が彼女自身のストーリーを述べたときに、その語りが一般的な研究テーマに添うように、回答者の語りを案内し、かつ制約したのである。
これを、ダグラス・キンメル（Kimmel, 1974）がインタビューの中で引き出したライフストーリーと較べてみよう。彼は自分の研究を、ひとつのライフコースの発達モデルを軸にして組み立てた。そのモデルによれば、ライフコースのバリエーションは、人生の「転換点」あるいは「マイルストーン（人生の一大事）」に帰着させることができるという。そしてもしこういった転換点が生じなかったとしたら、かなりの程度予測可能であった、歳を重ねていく際のパターン、つまりエイジングパターンが、それによって大きく変化してしまうのである。キンメル（K）が二七歳の男性の回答者（G）にマイルストーンのイメージを使わせることで、ライフストーリーに生じた変化に注意してほしい。

K：あなたの人生を振り返って見たとしたら、きわだったマイルストーンにはどんなものがありますか？
G：職業だけに限ってですか？　個人生活についてですか？　細かいことが知りたいのですか？
K：はい。
G：仕事選びのこととか、ですか？

K：それはマイルストーンでしたか？

G：それは確かにそうでした……

K：そしてそれはあなたの転換点になりましたか？

G：ふりかえって見たとき、思い出すのがそのことなんです。だからそれは僕にとってマイルストーンだろうし、また人はそれをきっとマイルストーンと呼ぶだろう……。それより、その他のマイルストーンだね。ああ、たしかにまだあるよ！　ああ、僕が家族にゲイだと告げたことはマイルストーンだった……

K：もっと最近のマイルストーンはどうですか？　ニューヨークにやって来たことみたいな。

G：うん、ニューヨークにやってきたことは僕にとっては実際、マイルストーンではなかったんです。何でかと言うとそれは計画していたことで、どうってことないことで、だから僕はそのとおりにしたわけで、それはマイルストーンとは言えないね……

K：……人生の危機についてはいかがですか？　これまできわだった危機っていうのはありましたか？

G：うん、人生の危機はたくさんあったね。それを聞きたいかい？

K：はい。……家族との関係では、危機的な時はありましたか？

G：それはなかったね。ほんの子どもじみたことだよ。最近はまったくないよ。僕は子どものころ、家出したりとか、そんなたぐいのことは一度もしたことがないよ。
K：これは録音していなかったんですが、あなたは一度、お母さんが入院していたとおっしゃっていましたね。
G：ああ、入院しているよ。
K：それは大変な問題ですか？
G：いまはそんなに問題じゃないよ。結局のところ、いまは大丈夫だよ、おかげさまでね。ああ分かった、そういう意味で言えば、危機のひとつだね。（Kimmel, 1974, pp. 116-120）

ここではインタビュアーが、マイルストーン、転換点、危機といった用語を回答者の人生を特徴づけるためのリソースとして繰り返し与えている。「ある言葉を回答者の口から言わせる」というよりもむしろ、マイルストーンなど特定の語彙を顕在化させ、そしてそれが人生を物語るのに役立つことを繰り返し主張することで、この引用した会話の終わりまでにインタビュアーは、この研究に意味のある観点から回答者が自らの人生について考えて、語るように事実上訓練したのだといえよう。

標準的なインタビューのアプローチであれば、上の二人のインタビュアーが、対象者の情報の貯蔵庫に入っているとされる、データの純度を明らかに損なっている点に焦点を合わせるのに対し、わたしたちのアクティヴなアプローチは、それとは反対に、二人のインタビュアーたちがインタビューに貢献していることを、まったく異なった方向から理解させようとする。もしも、受動的な回答の容器というモデルを拒否するとしたら、データの純度を損ねるという考え方はもはやそれほど説得力を持たない。むしろ、インタビュアーとは協同的であることを避けられないと考えることによって、インタビュアーがこの二つの会話を形成するのにいかに貢献しているかわかるようになるし、その結果、最終的に物語られた結果を、どこかが汚れたり、損なわれたものとして拒絶する必要はなくなる。こうしてこの二つの人生の物語（ナラティヴ）は、解釈の実践を反映したものと見なせるかもしれない。すなわちこの解釈の実践には、当該の状況において回答者に要求されてくる解釈実践と、その状況にとって適切であり、同時に入手可能であるリソースとオリエンテーションを含んでいる。もちろん回答者の過去の経験は、彼らがいま表現しようとしていることにとって重要だが、それが物語としてどのように組み立てられるかはその場の解釈実践の問題なのである。

研究者の立場からすると、これらのインタビューは、特定の研究テーマに沿って、アクティヴに組み立てられた経験の解釈をまとめようとする協同的な活動を表現している。たとえば最初のインタビュー状況では、回答者は過去の重要な出来事を、複雑に曲がりくねってはいるものの、ある連続したコースとして表現できるかどうか質問されている。インタビュアーは、たとえもつれたものであっても、ともかく連続した人生の流れをつかむため、平凡な事柄と重大な事柄を物語を通して結びつけるように案内することによって、いまどのように物語るべきなのか、その仕事の一般的なオリエンテーション方法を提示したのである。二番目のインタビューの企画では、マイルストーン、転換点、そして危機といった語彙によって、平凡な事柄は除外して人生を描写するように要求されたので、重大な事柄だけから構成される物語が引き出されたのである。

この二つのインタビューは回答者の物語に対して、標準化された中立的な触媒にはなっていないので、その意味では比較対照ができない。ところが重要な分析のポイントは、二人のインタビュアーが目下の調査プロジェクトにふさわしい物語を産出するために、インタビューの会話を誘導して案内すると同時に、一定の制約も課したということにある。しかもその際にインタビュアーは、そこで働いている解釈枠組みや解釈言語だけを使って、回答者が自分の人生を描写するように指示「しなかった」ことが重要である。インタビューの最中には、つねにある解釈枠組みが働いているし、そのどれをとっても標準的なインタビュー法が大げさに宣伝するような「中立的」な枠組みなどには収まらない。たしかに二人のインタビューは回答者がいろいろな方向から物語るよう案内している。しかしながら、仮に回答者が表面的にはもっと中立的な質問やきっかけを提供されていたとしても、そうした場合に比べても、実際に語られた物語は、その物語の信憑性においても、あるいは「実際の」経験をどれほど反映しているかという点においても、まったく変わりはないのである。こうして、インタビュアーがインタビューに参加するのは、回答者の物語を「物語のコース」から外れないように進行させるためだと考えてもいいだろう。すなわち、インタビュアーは回答者に、かれら自身の固有の経験をある特定の方法で探求するよう求めたり、回答者に対して実り豊かな解釈の方向を指し示すのである。

ライフストーリーに関する限り、データ分析のポイントは、ライフストーリーをインタビューという文脈において、インタビュアーと回答者とが協同で行うバイオグラフィカル・ワーク（個人の伝記を作り上げる協同作業）のひとつとして見なすことである（Gubrium & Holstein, 1995; Gubrium at al., 1994）。ある意味でインタビュアーは、回答者とインタビュアーの相互にとって意味のある、指定された限られたリソースを材料にして、回答者がひとつの首尾一貫した人生の物語を産出するように、つねに回答者に挑戦している。この結果、技巧に長けてはいるが、同時に当該の文化に根ざしている回答者の物語が構築されるのである。そしてこの物語は実際には、手元にある解釈に利用できる材料と、インタビュー参加者のさまざまなオリエンテーション（志向性）から組み立てられる。他のすべてのインタビューのデータと同じように、ライフストーリーがただ単に発見されるのを待っていたり、表現されるのを待っているわけではない。そうではなく、ずっと昔からあるリソースと、当該状況で意味をもつリソースとを両方使って、インタビューという相互行為の文脈において構築されるのである。

6 インタビュー内部での意味構築

これまで述べてきたように、インタビューに出てくる関心を構成する要素は、インタビューの最初から調査テーマによって設定されるので、インタビューのなかにこれから出てくる予定の質問のテーマも、その大部分はすでにこの調査テーマによって大枠を与えられていることになる。インタビュアーと回答者のどちらも、回答者から出てくる回答やコメントが、この調査テーマと無関係なものではなく、むしろ調査テーマのさまざまな局面に向けられていると想定している。したがって、インタビューのなかで生まれてくる意味は、インタビューという相互行為の内部でアクティヴに構築されるものなのである。すなわち、インタビュアーの質問と、回答者の有意味な回答の内容を解釈する作業は、インタビューの開始の時点で一回きりのものとしてなされ、そこで最終的に決定されるわけではないし、同様に、さまざまなトピックや、それに関連した質問が導入されたときに一回きりのものとして決定されるわけではない。つまり、意味の構築作業は絶えず継続的に展開していくひとつのプロセスなのである。

インタビュー形式と意味構成の可視化

構造化の度合いの高い形式をもったインタビュー（フォーマル・インタビュー）においては、意味構築作業の重要な側面は表にでてこないため、可視化できないままである。すなわち、回答者に固定式の選択肢が提示されたときに、彼らの持っている情報のストックのうち、どの部分とこの選択肢が結びつくのかを把握することは難しい。たとえば、家族の収入への満足度に関する固定選択式の質問に答える二人の回答者の場合をみてみよう。「とても満足している」から「とても不満だ」の間の範囲から回答を選ぶというものである。そして両方の回答者とも家族の収入にとても満足していると答えたとしよう。これは果たして、この問題について両者が同じ感情を抱いていることを示しているのだろうか？またかれらの回答は同じ経験的意味をもつということを示しているのだろうか？　たとえば第一の回答者は客観的に見れば低い収入なのだが、家族内で長いことお金という問題については、その競争相手である上の姉の一家の収入と較べると、それでも上回っていることを、この回答者は自分の満足に結びつけているかもしれない。固定選択式のやり方では、そういったことについてはわれわれに何も語ってくれない。「まったく同じ」満足という回答でもそれは、第二の回答者の場合、家にとどまって子育てをしたいと望んでおり、家族の収入を増やすために労働市場に参入しようとは思わないということと結びついているかもしれない。この二人の回答者のそれぞれの「物語との結びつき」は、ここでは固定選択式のインタビュー形式によって見えなくされているが、表面的には同じように見える回答が、回答者の物語と結びつくことによって、それぞれ別々のライフストーリーの異なった構成要素となるのである。

一般的に、インタビューが標準化されればされるほど、このような意味を構築する物語との結びつきは見えにくくなる。リッカート尺度タイプの標準的回答形式はこの点で格好の例である。回答の選択肢は次のものだけである。「強くそう思う」「そう思う」「どちらでもない」「そう思わない」「全くそう思わない」。この回答形式はおそらく、インタビュー項目に対する一般的な回答の選択肢を全てカバーしてはいるだろう。だが、たとえば回答者が「全くそう思わない」を選択した場合、この回答形式では、回答者が全くそう思わないというときの主観的な意味を知る手立てはないのである。

サーベイ調査でも、主観的に意味のある違いをくみ取るために、プリテストや予備調査をもとにして作成した回答の選択肢を使って質問をすることができるし、また実際行っている。たとえば予備調査によって、子育てについて意見を求められたときに、回答者は三つか四つのカテゴリーにおさまるような回答をする傾向が明らかになったとしよう。一つのカテゴリーは、回答者自身の親たちが昔行っていた子育てについて言及する回答である。それはたとえば自分の親が子どもに接していたやり方を自分もまねたいとか、その反対に、それはもう繰り返したくないといった内容の回答になるだろう。このような予備調査での回答によって、子育てについて考える時には、自分の親の子育てを考慮に入れると回答する者に対して、一般的な回答カテゴリーを設定する際の正当性が最終的に保証されるのである。

ところが、実質的な回答の選択肢は、このように経験的に作成できるかもしれないが、依然としてそれらは、インタビューを受けるなかで、回答者が個々の質問と自分の物語とを結びつける作業を隠蔽するのである。すなわち、自分の親の子育て法を、肯定的モデルとしてであれその逆であれ、それを参考にするという選択肢を選んでも、このような感情を伝達するときに含まれる複雑な気持ちは明らかにならない。たとえば回答者が、自分の子どもをしつけるとき、どうしていつでも自分の親の育て方のことを思い浮かべるのかと、もっと自由なインタビューのなかで説明を求められたとしたら、親の役割を学習するクラスのなかで、子育てについて議論しているときに、ある母親が行った回答と似たような回答をするかもしれない。それは以下の回答である。

それは何とも言えないわ。私の子が本当に聞かん坊で、私もお手上げだったりする、そういうとき、母はわたしたちにどういうふうにしたかしら、と考えるわね。あの当時は、むちを惜しむと子どもがだめになるとか言ってたでしょ？　でもふつうは、母は私たちにつらく当たりすぎたと私は感じるし、ああいう罰し方は今の子どもたちには良くないと思うわ。きちんと話し合うに越したことはないし、そうすれば武器は必要ないのよ。だから、さっき言ったように、それは何とも言えないけど、あなたが子育てをどう考えたいかにかかっているんです。そうでしょ？

この回答のなかに「それは何とも言えない」という表現があることは、物語を話しながら意味を構築する作業が文脈に依存しているということを示しているし、ここで回答の選択肢を標準化してしまうと、この文脈依存性が隠蔽されてしまうことも示している。

物語を話すということは、現在話されていることを、さらにあとの話の中へと埋め込みながら、目下の調査テーマに関するストーリーとともに、さまざまな自己を話すことでもある（Taylor, 1989; Riessman, 1993を見よ）。話し手はさまざまな経験がどのように関連しあっているのかを語る。すなわち、さまざまな経験がいつ結びついたのか、なぜ、そしてどのように結びついたのかを詳しく語っていくのである。この点からすると私たちはこの母親の語る物語を、まずもって「（彼女の）子どもが本当に聞かん坊なとき」、彼女が子育てについてどう感じ、どう考えたのかというストーリーの始まりとして解釈できるだろう。このストーリーの中で母親は、彼女が子育て、とくにしつけについて考える時は、自分の母親のやり方を思い出すと語っている。彼女の回答が意味をもってくるのは、偶発的に出てきた世代間の対抗という、いまここで出現した歴史的な物語の文脈においてである。すなわち実際にはそうならなかったが、もしも彼女がこの筋書きをさらに発展させるかたちで、今のストーリーを続けたとしたら、たとえば、今日の世代に蔓延したしつけの低下という物語と結びつけていたかもしれない。そしてそれは彼女の両親の時代には「とてもありえなかった」ことだと、つけ加えることもできたかもしれない。この母親はそのような感情があったことを裏付けるように、「むちを惜しむと子どもがだめになる」という格言を自分のことばで言い換えたのである。つまり、彼女が話し始めたストーリーを見れば、この物語を通して表現された感情は、予備調査を経て経験的に作成されたインタビュー回答の選択肢に、簡単にあてはまるものであった。すなわち、この物語には始まりがあり、中間部へと発展し、そしてきわめて合理的に洗練された終結へと向かっていくはずの物語だった。

ところがこの母親はそれから、いわば語りのギアを入れかえたのである。すなわち彼女は、当初の始まったばかりで不完全なストーリーの途中で、この世代間のギャップに子どもの無作法を結びつけて、物語の前景に押し出した。こうした物語の文脈では、彼女自身の母親は肯定的な子育てのモデルであり、今日の親たちがやんちゃな子どもをどう扱ったらいいのかという物語に情報のストックを提供するものだった。その直後に、(冒頭の「それは何とも言えないわ」と呼応した表現である)「でもふつうは」という言い回しから文脈の変化がはじまり、子どもの無作法ではなくむしろ、子どもに対する罰し方が物語の前景に登場する。この語りの文脈では、自分の母親のしつけに対するこの母親の評価によって、昔の母親は体罰にすぐに走りがちな人という否定的モデルになった。いまや物語は子どもの無作法でなく、子どもに対する罰し方に中心が移り、このプロットが展開していって、無作法な子どもに対しては、体罰ではなくもっと好ましい処方箋があることが物語られた。ここで子どもの罰し方は暗黙のうちに二つのカテゴリーに分けられた。つまり暴力的な罰し方と理性的な罰し方である。そしてこの母親は、最近では理性的な罰のほうが効果的であると述べる。これに対して、彼女の母親がやっていたような罰し方は「今どきの子どもたちによく」ないとされた。

ところがこの抜粋の終わりのところで、われわれはさらに新たな語りの転換を認める。この母親は最初の「それは何とも言えない」を繰り返すが、それは結局のところ「あなたが子育てをどう考えたいか」にかかっていることを説明するためである。このことは何を意味しているのだろうか。それは暴力的な罰し方と理性的な罰し方の二つのカテゴリーに対応する、二つの全く異なった物語の語りの力が競合して均衡を保っていることを示している。この二つの物語はそれぞれ別個の自己展開するプロットを持っているし、結果として出てくるしつけ行為についても、暴力的と理性的というように、対照的である。また最後に「それは何とも言えない」という表現がでてきたことは、以上のことだけでなく、さらに物語が自己言及性を持っていることも示している。母親が事実上聞き手に語っていることは、彼女が語るべき物語によって操られている単なる語り手ではないということである。つまり、彼女はどの物語を語るべきかという決定に、自らアクティヴにかかわっていると「自覚している」ことも語っているのである。

この最後の彼女のコメントは、ある種、これまで話してきた物語に対する物語になっている。大ざっぱに言えば、彼女のコメントはストーリーテラーの主体性、あるいはアクティヴ性についてのコメントである。具体的に言えば、ストーリーテラーは、子どもの無作法と親のしつけに関する物語の中から、どの物語を選んで話すかを決定する必要があるという考察を示したものである。この最後の部分はどれほど短くても、それ自体始まったばかりの語りであり、物語を話す上で、ある重要な決定があったことを示しているのである。すなわち、この母親は、このインタビューのアクティヴな回答者として、単に質問に対する回答として物語を語っていただけでなく、同時にこれからなされる回答が適切であるかどうかという妥当性も設定していたのである。

言うまでもなく、選択肢が固定されたインタビュー形式では、このような語りの複雑性は見えなくなってしまう。しかしながら、あらかじめコード化されたインタビュー形式や、自由回答形式の場合でも同様である。上の例の母親のように、子育てについて長く話す回答者は、事前にコード化された適当なカテゴリーにコード化できるだろう。しかし事前のコード化は、この母親の物語の中に見られた語りの転換を捉えることができない。つまり、いま問題になっている質問とテーマに対して回答を述べるときに、同一人物がそれぞれ異なった複数の立場から回答するといった事態は、そもそもコード化できないのである。もし実際にこうした回答を分類するのに事前のコード化を用いたなら、この例における母親は「自分の親に志向している」と「自分の親に志向していない」の「両方に」同時にコード化されることになっただろう。もちろん、事前のコード化に限らず、あらゆる種類の固定化されたコードでは、こうした語りの転換に対応することは不可能なのである。実際の調査においては、彼女の回答は使い物にならないと考えられ、技術的に無意味なものとして除外されてしまうだろう。さらに悪いことには、たとえインタビューが自由な形式でなされたとしても、それを事前のコード化によってコード化してしまえば、上の母親が自分の目の前で、物語を組み立てたり、物語の候補のなかからあるものを選択したりした時、彼女が自己言及的に洞察したことが自動的に排除されてしまうのである。つまりこの例で言えば、コード化によって、この母親が物語を話す時に駆使した自己言及性が見えなくなってしまうのだ。

物語を話すことが込み入った複雑なものである以上、文脈の変化や自己言及性に対応できるようなインタビュー形式が必要になる。アクティヴなインタビュアーは、回答者やインタビュアーの自己言及性を抑圧するのではなく、むしろ反対に、文脈の変化やインタビュー参加者自身の判断を促進するものである。ガーフィンケル（Garfinkel, 1967）が表現したように、回答者を判断力喪失者として扱うことはない。むしろ回答者は、状況に依存して偶発的に変化する物語の多様な内容や、物語を語る多様な視点に自己を結びつけながら、人生について物語を話すものとして扱われるのである。回答者の自己言及的なコメントは、彼らが取る物語上の多様なアイデンティティに対して、その内部からなされる案内なのである。

アクティヴ・インタビューが重要なものと考えるのは、回答者が聞き手に対して、人生は生きられるのと同様に、物語として語られもすると、ときどき実際に話すときである（Ochberg, 1994; Sarbin, 1986を見よ）。回答者がこのように話すときは、彼らがものごとをさまざまな視点から熟考しなければならないと言う時だったり、人生を解釈する文脈にはさまざまなものがあると言う時だったり、自分の感じ方や言うべきことを決めるときには、いくつかの問題を考慮に入れる必要があると語る時である。アクティヴなインタビュアーは、回答者が物語を通して回答を組み立てる援助をすることで、ナラティヴ（物語）によって、しかも当のナラティヴを通して、回答者の人生が語られたり、管理されたりするものと考えるのである。

実際の調査においてこのことが何を意味するかというと、インタビューの過程で起こるインタビュアーと回答者のギブアンドテイクを可能にするために、インタビュー計画は筋の固定した脚本ではなく、せいぜいのところ道案内にとどめておくべきであるということだ。インタビュー計画は、インタビューの過程の中で、実質的にそこで中味が組み立てられたり、さらにまた変更できるくらいに、十分な柔軟性をもつ必要がある。すなわち、インタビューの展開とともに、そこで伝達される意味がひとつのまとまりとして組み立てられ、多様なものになっていくにしたがって、新しい質問や議論がつぎつぎとそこに追加されたり、相互に結びつけられたりするのである。回答者は時によっては、どんな種類の質問がいいと思うか、インタビュアーに尋ねられることさえあるかもしれない。そしてもし実際にそう聞いたとしたら、なぜそういった質問が回答者にとって意味があるのか、インタビュアーに説明するよう促すだろう。そしてその時インタビュアーは、回答者の与えた説明がどのような状況依存的な物語として組み立てられたのか、さらにまたそれが、回答者自身にとってどのように自己言及的に組み立てられたのか、同時に注目するのである。

インタビューというものが特定の調査テーマに焦点化していることを忘れてはいけない。つまり、アクティヴ・インタビューを単なる日常会話のひとつと見なしてはいけないということだ。すなわちそれは、どんなことを話してもいい会話ではないのである。アクティヴ・インタビューの視点にたつ調査は、解釈の実践に焦点を当てることで、二つの大きな目的を持つことになる。すなわちそれは、この調査プロジェクトは一体どのような「内容」なのか情報を収集すること、そして、この調査テーマに関連した情報が物語のかたちで組み立てられていく「方法」を明らかにすることである。したがって、この調査によってもたらされる発見は、二つのものがからみ合った形態になる。つまり、ひとつは当該の調査テーマに関するデータであり、もうひとつは当該の調査テーマが回答者の経験の物語を通して組み立てられる方法に関するデータである。

語りに固有のコード化

実際の調査においては、インタビュアーと回答者はともに、コード化という経験に絶えず関わっている。標準的なサーベイ調査におけるコード化とは対照的に、アクティヴなコード化は、それぞれのインタビューごとに固有のものである。つまりそれは、インタビューの過程と一体化して、それと不可分なものとして開始され、展開していくものであって、インタビューの前とか、インタビューの終了後になされるわけではない。たとえば、インタビュアーが好ましい子育ての仕方について回答者に質問するとき、インタビュアーはすでに特定の方法で家庭の現実をコード化している。すなわちコード化が起こるのは、インタビュアーが子どもに対するさまざまな接し方のパターンと親の行動をまず結びつけて、それから回答者に彼ら自身の接し方を可能な選択肢の中から選ぶよう求めるときである。

この調査においては、子育てのさまざまな概念を含んだ情報のストックが前提とされているために、そのような質問を投げかけることが理にかなったものになる。またもちろんのことだが、回答者もこの情報のストックをインタビュアーと共有しており、回答者自身も子育ての仕方を意味が分かるように指定できることも自明視されている。
しかし、上のような質問を投げかけられたあと、次のように尋ねた女性の場合はどうであろうか。

私には、あなたが言う子育ての仕方ということが分かりません。あなたが尋ねているのって、私の子どもがいたずらをしたとき私がどうするかってこと？　あなたはそこでなすべきことをするまでだし、誰だって同じだと思うわ。分かるでしょう、子どもたちに行儀良くさせるのよ。いたずらをやめさせるのよ。もしけんかをしていたら、割って入って誰も怪我をしないようにさせるわ。ほかに一体どういうやり方があるって言うの？　ほかのどんな親でもすることと同じことをしなさいと。そういうことじゃなくて？

この回答者は明らかに混乱していた。そして彼女自身、子育ての「仕方」についてなんとか意味が通るようにコード化しようとしていた。彼女は子どもが「いたずらした」とき自分が何をしたかを具体的に述べ、それは彼女に言わせればまともな親なら誰でもすることだったが、こうしてこの質問に回答する仕方をひとつ提示したのだった。

インタビュアーはすぐこれに続けて、たとえば厄介な子どもたちを扱うときに、この回答者がどんな育て方や戦略を用いるのか知りたかったのだと答えることで、最初の質問をさらに明確にしようとした。これに続くやり取りのなかで、インタビュアーと回答者とのあいだに質問や、それに対する回答があり、相互に説明していくうちに明らかになったのは、インタビュアーが回答者とは異なった情報のストックを用いていたということである。つまりインタビュアーは、さまざまな子育ての選択肢に向き合っている回答者の視点から答えを引き出すのがねらいであった。インタビュアーは、いわば、何らかのことばを回答者の口に吹き込んだり、ある考え方を回答者の頭の中に押し込もうとしていたわけではない。むしろこの女性のインタビュアーは、この質問や、これに関連した質問が引き出されてきた、その元の情報のストックが、ある回答の選択肢のコードのまわりにすでに組み立てられているということを暗黙のうちに伝えてしまっただけであった。

他方回答者は、彼女が「どんな親にも共通する」視点として、あたりまえだと考えている視点から具体的に答えた。つまり、彼女は自分も含めてどんな親でも当然するはずのことを語った。彼女が子育てについて話したのは、彼女の子どもの行儀が悪いときに自分が実質的にどう振舞うかということであり、選択肢として可能性のある行動方針や戦略と結びつけて子育てを話すことではなかった。すなわち、このインタビューの時点での彼女の情報のストックに照らせば、可能性のある選択肢という視点から子育てをコード化することは考えられなかったようである。この回答者が上のように答えたとき、彼女は同時に自分の物語を話すときの足場を探し求めていた。たとえば「あなたが尋ねているのって」や「そういうことじゃなくて?」といったフレーズが示しているのは、回答者が経験をコード化する際に、未知であったり問題含みのコードをコントロールしようとしていることである。インタビュアーと回答者が共通の語りの基盤を求めるとき、文脈の問題は絶えず事態を複雑にしていく。

アクティヴ・インタビューは、インタビューの内部で同時的に起こる情報のコード化と情報の構築に注目し、それを体系的に顕在化することによって、それに関するデータを収集する。アクティヴなインタビュアーは、インタビューを通して、さまざまに異なるコード化の枠組みを説明しようと努力するし、実質的に語られた内容に関するデータのみならず、相対立する物語の文脈に関するデータも収集する。先のインタビューでアクティヴなインタビュアーは、子育てについての質問に回答者が答えた内容に関するデータだけを持ち帰るのではない。むしろインタビュアーは、回答者が語ったことがどのようにして、インタビュアーの質問と結びつけられて、意味あるものとして構築されたのかに関するデータもまた持ち帰るのである。解釈の実践に関わるこのようなデータによって、インタビューの意味を構成するさまざまな物語との結びつきが明らかになる。たとえばこのようなデータによって、「同一の」内容のデータについて、ある回答者が他の回答者ときわめて異なった方法で解釈する様子が明らかになったり、あるいは「一人の同じ」回答者が、物語を語るときに異なった立場をとることによって、これらのデータを、まったく別の子育ての物語に仕立て上げる様子を示してくれる。

意味の地平

物語と物語を結びつけて、あるパターンを形成すると、そこから一貫性をもった有意味な布置が現われてくる。われわれはこのパターンを、意味の地平と呼ぶ。たとえば、先に引用した、親の役割を学習するクラスの参加者のひとりは、子どものしつけをテーマにした物語について、いくつか物語を結びつけて、それを発展させていくごく最初の始まりの部分だけ提示していた。つまり、もしもそれがそのまま一貫性のある完全なストーリーへと展開していったなら、いま問題になっているテーマに関連して表現された子育てにまつわる感情と行為について、暴力的な罰し方と理性的な罰し方という二つの異なった意味の地平を生み出したかもしれない。これらの地平は、ある物語と別な物語について、いまあるものとは異なった結びつき方を示唆する語りの文脈を提供するのである。意味の地平と物語と物語の結びつきとは相互に、それぞれを構成し合うことになる。つまり一方のなかに見いだされたパターンが、他方の構成要素と、その構成要素間の結合に相互反映的に関連づけられるのである。こうして、ある経験の中の「同一の」構成要素が、それぞれ異なった意味の地平に結びつくことによって、まったく対立する意味を帯びることになり、異なった布置のなかに配置されることもある。

アクティヴ・インタビューの第一の目標は、このような物語と物語の結びつきと意味の地平の可視性を高めることである。これまで論じてきたように、標準的なインタビュー技法は、回答者がどのようにしてインタビューのテーマや質問に志向するかについて、しばしば根拠のない想定をしてしまう。この想定に基づいて進んでしまうと、回答者たちが物語と物語を結びつけたり、意味の地平を作り上げたり、つまり、回答者たちが今問題になっている解釈的な課題に対していつも志向しているといったアクティヴなプロセスを無視してしまうのである。標準的なサーベイ調査は、調査を行う状況について事前に導入を行ったり、質問を移動させたり、質問それ自体によって、はじめから意味の地平を押しつけてしまい、回答者が自力で発展させた可能性のある多様な物語と物語の結びつきを隠蔽することに満足してしまうのである。調査者は、サーベイ調査の質問への回答を構成する物語と物語の結びつきを明らかにしないので、調査者が問いかけた質問に対してどのような意味付与がなされたのか、またどのようにして当の意味付与がなされたのか、そしてこの意味付与過程はどのような物語のリソースを動員して遂行されたのか、といった問題については皆目検討がつかないままなのである。

これとは対照的に、アクティヴ・インタビューは、回答者たちが主観的意味を確立し組織化するために、意味の地平を発展させながら利用していく方法をフルに生かすことになる。インタビュアーは回答者に物語を話すことを積極的に促すことによって、回答者の物語の内容と、そのなかの物語と物語の結びつきを見れば、回答者たちが経験した意味がどのように組み立てられたのかすぐにわかるように、回答者に物語を構築させるのである。インタビュアーは、そこで主観的な関連性や志向性、そして物語と物語の結びつきが示されることになる、新たに生まれてきた意味の地平を操作することによって、さまざまな主観的な意味の可能性を可視化させながら、回答者がそれと結びつけて自分の経験の意味を再解釈するように絶えず回答者に挑戦するのである。さまざまな意味の地平を提示したり、物語と物語の結びつきの多様な可能性を提示することは、標準的なインタビューが無視したり隠蔽している意味構築の過程を可視化するためのアクティヴな技術なのである。

協同的な構築

インタビュアーと回答者は、インタビューの中の物語の意味を協同して構築する。これを説明するために、高齢者の生活の主観的な性質に関する研究（Gubrium, 1993）から、あるインタビューを引用して、そこに見られる物語と物語の結びつきと意味の地平について詳細に検討してみよう。この調査が実施された場所は、老人ホーム、成人用の集合居住施設、そして世代混在型のコミュニティなど、さまざまな居住状況である。すべてのインタビューは、回答者にご自身のライフストーリーを手短にお聞かせくださいと求める質問から始まった。この調査の目標は、さまざまな居住状況におかれた回答者に、自分の人生をひとつの経験的な対象物として考えさせ、それによってさまざまな角度から自分の人生を検討したり評価したりできるように持っていくことにあった。そのために重要なことは、ライフストーリーの中でも、あるいはインタビュー全体を通して、回答者が現在の自分のおかれた状況と結びつけながら、どのようにして物語を構築しているか、アクティヴにそして体系的に焦点を絞ることである。確かにこのインタビューには、一組の一般的な質問が導きの糸として働いていたが、物語の文脈を転換したり、さまざまな物語と物語の結びつきを準備し、ときにはそれを誘発しようとさえするインタビュー法が用いられた。さらにインタビュアーは、回答者が生活の質（QOL）を主観的にコード化し他者に伝達する方法を可視化する手段として、このような物語を語る文脈の転換をしばしば誘発しようとさえしたのである。

次の会話の抜粋は、著者の一人（JG）がヘレン・コーディ（HC）に対して行ったインタビューからとったものである。彼女はフランプトンプレースという成人用集合居住施設の住人で、そこには数軒の家とアパートメントの建物が数ブロック、公園のような敷地に建っていた。ヘレンは八八歳で、フランプトンのアパートに住んで三年になる。彼女は少々ものわすれが進んでいるものの、身の回りのことはきわめてしっかりとすることができた。一時間にわたったヘレンのインタビューは、生活の質をめぐる彼女の議論を特徴づける物語の意味の地平によって、四つの部分に分けることができる。第一の部分は、なつかしい過去が繰り返し登場する語りで、以下の三つの会話の抜粋はその味わいを伝えている。インタビューのこの部分に表れる生活の質は、孤独な現在と対照的な、フィギュアスケートの楽しい記憶という意味の地平を背景として協同で構築されている。このインタビューはつぎのように始まる。

JG：誰にでも人生の物語（ライフストーリー）というものがあります。あなたの人生を私に少しお聞かせいただけますか？

HC：ああ、私はロードアイランドのプロヴィデンスで生まれ、私のおじは国で初めてのフィギュアスケートの選手だったのさ。彼は私にスケートを教えてくれた。そして私はボストンあたりでスケート場が開店したとき、オープニングの夜から五回連続でスケートをしたもんだよ。そんな時代だったよ。それから、もちろん私は結婚して子どもを産んで、それだけだよ。他に何を話したらいいか分からないのよ。それでそれから、私の夫が死んでから、息子の近くに住むためにここにやってきたの。そういうことよ。

JG：もしあなたが人生を何章かに分けるとしたら、えーと、たとえばあなたがご自分の人生の物語を書いているとしましょう。そして、そこにはいくつかの章があるとしましょう。それぞれの章は何がテーマになるでしょう？　たとえば第一章はどんな感じになるでしょうか？

HC：ええと、私の若い頃はとても面白かったわ。フィギュアスケートをして、ダンスをして、ほかにもいろんなことをしたわ。おじさんのおかげで、それは楽しいときだったわ。
JG：他の章はどんなふうになるでしょう？
HC：言えないわ。これ以上何もないわ。これっぽっちの人生、これっぽちの私の人生よ。ほかに何も思いつかないわ。別に大したことはしなかった。ただ生きて、健康になるような療法をして。そして、あんた方や友達たちが私を訪問したりして、ま、そんなところよ。それで全部。スケートをして、スポットライトを浴びていた若い頃を過ぎてからは、静かな生活を送ってきたわ。

ここでインタビュアーの提案に対してヘレンは、スケートの経験をくわしく述べた。インタビュアーが本と章立ての比喩にもどり、この比喩を使って、彼女に自分の人生を比較考量させたり、もっと長い時間的なスパンで考えさせるような枠組みとすることによって、ヘレンは、現在の彼女の孤独や彼女の周りの「意地悪老人たち」と、かつての「もっと面白かった」人生や、彼女が若かったときのはつらつとした態度とを、対照させて詳しく語った。

JG：もしあなたが自分の人生（の物語）を書いているとしたら、その最終章はどんなものになりますか？

HC：ううん、分からないわ。ただ私はここにこうしているだけ。

JG：どこに？

HC：まさにここです……（間合い）

JG：フランプトンで、ということですか？

HC：いいや、フランプトンじゃないわ。（間合い）。ええ、もちろん。私は年寄りたちがみなあまり好きじゃないわ。あの人たちはほんとに老いぼれてて、私はあの人らの仲間じゃないわ。私はあの人らと違うわ。なぜって、ええ、私はちゃんと正気でいるもの。わかるでしょ。私は何にでも興味があるわ。だから、年寄りたちのことには、私は興味ないのよ。それであの人らは意地悪老人だわ、ほとんどは。そして婆さんたちよ。もしあの人らが、あんたのことを気に入らなかったり、間違っていると思ってごらんなさい。あなたは遠ざけられてそれでおしまいよ。女ってそういうものよ、ほんとう。特に女同士だとね。そしてあの人らはいつも性悪で、本当にいっつも性悪なのよ。……だから私はここで一人暮らしを選んだの。一人か二人は話せる人はいるけど、でもそうしないわ。わかるでしょ。あの人らは年とりすぎてるかなんかなのよ。

わかるでしょ。それに、人を訪問することに興味がないしね。

JG：それはあなたにとって大事なことですか？

HC：ええ、私には大事なことよ。だから好き嫌いにかまわず、私は一人で暮らすのを選んだのよ。（詳しく語る）。もし面白い人生を送ったなら、年とったとき、もっと話し好きか、面白い人になっていると思うわ。だけどあの人たちはそうじゃなかった。もちろん私は彼らにそう期待したわよ。でも、かれらはただあたりをかまわず、我が道を行くってことなの、だから私はここであんまり幸せじゃないのよ。だって、私は年寄りだっていう気がしないんですもの。わかる？　それが大変なのよ。私は決してそうならないわよ。今は年寄りよ、でもそういう気がしない。わかるでしょ？　だからしんどいの。

インタビューが進行するにつれ、ヘレンの楽しかった過去との間に、それと区別される対照的な物語と物語の結びつきが生じてきた。ヘレンの現在の生活の質を示唆するような事柄をさらに調べるために、インタビュアーはフランプトンの中にヘレンが家族だと思っているような人が誰かいるかどうか尋ねた。彼女は強い調子でノーと答え、その理由を、フランプトンの入居者に知性が欠如していることと、かれらが彼女のような「充実した人生」を送ってこなかったことであるとした。年齢についての質問も向けたが、自分は年寄りだとは感じていないとヘレンは繰り返した。彼女はまわりの人たちが老人じみた振る舞いをし、またそういうものの考え方をするように見えることに心底失望していた。彼女は他人と会って話すことを切望していると語った。彼女は繰り返し若い頃を思い返し、そしてあるところで、今は亡き彼女の夫と、現在六〇歳でその妻とともに近くに住んでいる一人息子についてながながと話した。

「家庭（ホーム）」ということばの意味を尋ねられて、ヘレンは、彼女のストーリーの意味の地平を形成する物語と物語の結びつきに戻ってきた。

　ええ、家庭はすべてを意味すると思うわ。だってそれは家庭なんですもの。もしそれを家庭と思うなら、でもそれを家庭と思わなきゃいけないわ。そして楽しみなさい。大勢の人を招いて来てもらうのよ。それが普通、分かるでしょ？　私に一言も口きかない隣の女とは大違いさ。私は彼女のことを知りもしない。ここではどれだけ縁遠いか、見てもらいたいもんだわ。私がここに来たとき、隣に女の人がいるのが分かったのよ。それで彼女に会いにいって、こう言ったわ。「あなたにご挨拶しようと思って」。そしたら彼女、言ったわ。「あんたとはかかわりになりたくないのよ」。彼女は私のことなんか知らなかったくせに！　そして彼女は私を悪し様に言って、何もかもそんなで、今でも私のことなんか知りもしないわ。無視よ！

しかし彼女が家庭について語っているうちに、新たな意味の地平が現われてきた。つまり、ヘレンが自分の人生を語る際に足場にしていた文脈に、はっきりした転換が出現したのである。明らかになったのは、フランプトン居住地とその入居者という文脈では、彼女は家庭のように落ち着くと感じておらず、彼女の生活の質は決定的に悪いということだった。つまり、フランプトン居住地と、その入居者と、そして彼女の生活の質とが結びついて、一つの地平を形成していた。しかし私たちの話が、他の入居者もそう呼んでいたのだが、ヘレンが「モノ」と呼ぶことの文脈へ転換すると、つまり「モノ」とは耐久性のある、持っていて意味のあるものであり、ここでは特にヘレンの家具類を指していたが、その文脈に転換すると、次の会話の抜粋が示すように、ヘレンはフランプトンが「家庭のように落ち着く」ときわめて積極的に感じるのだった。

JG：あなたはここに住むようになって現在で三年になりますが、今はここが家庭のように感じるようになりましたか？

HC：いいえ、入居者たちからはそんな思いは抱かないわ。（彼女のモノを指しながら）これは私の家庭よ、まさにこの家は。
JG：でも、（周りを指さしながら）これが家庭だと感じると？
HC：ええ。そうに違いないわ。なぜってここには私の家具がいくつかあるからよ。でも残りは息子が持って物置にしまっちゃったわ。だからこれはほんと（間合い）……ここには寝室が二つあるわ。
JG：そうでしたか？（ヘレンはインタビュアーに周りを示して見せた）ああ、なるほど、分かりました。もっと家庭に近づくにはここはどうなればいいでしょうか？あなたはこの場所が家庭にいるように感じると（おっしゃってましたね）？
HC：ええ、まさにそれが私の家具だからですよ。

インタビュアーが、場所と所有物と家庭との間の結びつきについてアクティヴに追求していったとき、ヘレンの生活の質は、彼女がインタビューの前半のほうで描いたものから、劇的に変わりはじめた。その時までは、彼女の生活の質の意味の地平は、フランプトン居住地と気に食わない入居者と、そして孤立との結びつきから構築されており、それはヘレンの若い頃の人生と繰り返し対照に付されていた。新しく出現した家庭との連結は、インタビュアーに、別の物語地平、すなわちヘレンを直接に取り巻いている家庭のことを探求する機会を与えた。その結果として、もしこれがヘレンに対する彼女の生活の質に関するインタビューの唯一の焦点であったなら、インタビューはこの質をより積極的に明らかにするだろう。

次の会話の抜粋は、そのなかの特定の物語が結びつくことによって、このインタビューの中の独立した部分となっていくのだが、そこで新しい物語を構成する意味の地平が生まれ、ヘレンはそれによって自分の人生をかなり熱中して話すように駆り立てられていく。インタビュアーはさらに、インタビューガイドに載っている項目をひとつ取り出して、あなたの現在の居住状況は、あなたの人生の一部と考えられるかヘレンに質問した。この質問は、生活の質とヘレンのすぐ身の回りのこととの結びつきを強めるものだった。

JG：あなたは、この場所（あたりを指さす）、つまり、住んでいるこの場所が、あなたの人生の一部だと思いますか？　それとも自分の人生とは切り離されていると思いますか？

HC：いいえ、私の人生の一部だわ。この家具のおかげでね。それは家庭みたいに感じられるわ。なぜなら私の家具だもの。もしも私が自分の家具を持っていなかったら、そんなふうには思わないわ。
JG：それは本当ですか？
HC：ええ。もし生きている間ずっとそれをもっていたなら、あなたはそう感じるでしょうね。それを手放さなくちゃならなくなったら、家庭のようには感じれらなくなるわ（室内のいろいろなモノを指さす）。私のかわいい小物たちやら何やら。（彼女が描いた絵を取り上げる）そう、だから（絵の中のいろいろな細々したことを数え上げる）、あれはコネチカットのブロムフィールドね。あれは国で一番最初の法学校ね。
JG：あの絵の中にそれが？
HC：ええ。
JG：あなたが描いたんですよね？
HC：そうよ、私がこれ全部描いたの。（回答者とインタビュアーは室内のモノをいろいろと見回す）そして私の夫は弁護士で、だから私はあの国で最初の法学校にいたことがあって、それで絵に描いたのよ。私の息子はあの鳥を描いたわ。彼には絵心があったの。この釣り合いをご覧なさい。この下のほうの家の描き方を見て。彼は、（間合い）。彼は絵に関しては確かな目をもっていたわ。家は下のほう、鳥は上の木の上に、ちゃんと釣り合いをとって。

ヘレンが絵や、室内の他のモノについていろいろと述べているうちに、彼女の経験は、人生から大きな満足をえた人のストーリーとして生気をおびてきた。モノが彼女にとってどういう意味をもつかを尋ねたとき、ヘレンは答えた。「ああ、すべてよ、すべて。それは私の人生、わたしの友よ。それは良い人たち、とっても良い人たちよ」。こうして彼女の生活の質はいまや、いろいろなモノと物語を通して結びつけられ、その結果それは、ヘレンとインタビュアーの双方によって、さらに詳細な物語が結びつけられていく意味の地平となった。絵画やその他のものが彼女の人生の中でどのような役目を果たしたか尋ねられて、ヘレンはこう説明した。

えーと、私は絵やなんかでどんなこと（絵画に関連した活動）をしたかしらね。今、私はとてもそれらを楽しんでるわよ。私はここに座って、（絵に描かれた）ボートやら何やらを見ることができるわ。それでずいぶんたくさん楽しませてもらってきた。でも、私は随分たくさん手放したわ。分かるでしょ、それでこのざまよ。

このコメントの直後の簡単なやり取りによって、また別の文脈の転換がもたらされた。

絵や他のモノどもやすぐ身の周りのものから離れて、彼女は再び、インタビューの前半で用いた用語を使って、ふたたび彼女の生活の質について語るようになった。以下のようにこの転換が起こったのは、彼女を取り巻くモノがないとしたら、それは彼女にとって何を意味するのか質問することによってであった。

JG：これら（のモノ）があなたの周りにあるってことは、とても大事なことですか？これらのモノが。

HC：ええ、そうね。なぜってそれらはみんな、私がしてきたことだからよ、分かるでしょ。いいえ、私がそれをすることができたのは素晴らしいことだったわ。分かるでしょ。私が楽しめる何かをすることができたのは良かったわ。だから、私はこれらを楽しんだわ。

JG：もしもこれらのモノをまったく持たないでここに住むとしたら、どんな感じになると思いますか？

HC：えーと、そうしたら、記憶っていうものがなくなってしまったでしょうね。それは私の人生の、楽しかった時代のいい思い出よ。だからとにかく、年とることは何ひとつ楽しくないわ。なぜって一人ぼっちになるから、とくにまわりが友好的でないときには。これは倍もきついわ。これは私が我慢できることのなかでも一番つらいことだわ。あの人たちの振る舞いは、言葉よりも騒々しいわ。年寄りはよく言うでしょ。「振る舞いは言葉より雄弁である」ってね。

こうして、孤独と、ヘレンの中の「意地悪老人たち」と、そして対照的な過去の事柄の楽しい記憶という物語が結びついて、再び、インタビューのギブアンドテイクのやり取りがなされた。インタビューで出てきた個々のテーマは今や再建された意味の地平に照らして否定的評価にいろどられることになった。

最後に、さらにまた文脈の転換が起こって、インタビューの四番目の部分が導入された。一緒にビンゴで遊んだりする一人か二人のフランプトンの友達のことが話の中心になり、今の生活は笑いに満ちたストーリーとなった。他の文脈の転換と同じように、これもまたインタビューとの協同でなし遂げられた。以下の抜粋においてインタビュアーが、物語の特定の結びつきと意味の地平を構築することによって、いま話されている物語を「あなたが楽しくやってる友達たち」のことに転換させた様子に注意してほしい。以下の会話の抜粋は、ヘレンが仮に老人ホームに住むことになったとき、一体どんな種類の問題が起こると思うかという質問に続くやり取りである。

ＪＧ：どんな種類の問題が出てくるとお思いになりますか？

ＨＣ：たちの悪い人たち、特に女たちね。私は女どもと一緒になりたくないわ。彼女たちはとても胸糞わるくて嫉妬ぶかい。もしもちょっと人よりすぐれていたなら、彼女らはたちまちとても陰険になるわ。いい人はあんまり見たことないけど……私のまわりで一人か二人、とても、とてもいい人と知りあいになったことがあるわ。ほがらかで、生活を楽しんでいる人を。でもここには彼女みたいな人はあんまりいないわよ。いない。

ＪＧ：つまり、何人か、あなたが仲良く楽しんでる人がいると？

ＨＣ：ええ、そうです、そうです。私はときどき（集合食堂に）降りて行って食べるわ。あそこの料理はいただけないわ。だから私は自分で作るの。

ＪＧ：あなたはあそこに降りて行って食事をとったりほとんどしないんですか？

ＨＣ：はい、しないわ。時たま、もし彼女らがビンゴやら何やらをして遊んでいれば、私は下に降りていくわ。それは楽しみだわ。そこで私たちがゲームとか何とかをしているときは、私たちは笑っているわ。私はゲームをしに行く。私がゲーム好きなのは、みんなよく笑うからよ。全然笑わない人もいるけど。そう、とにかく、私がそこに行くと、そこにはこの素敵なおばあさんがいるのよ。彼女は素敵よ。彼女はほんとに素敵で、朗らかで、楽しんでるわ。分かるでしょ。彼女と知り合ったのは喜びだわ。だいたいの連中は陰気くさいけど。(詳しく述べる。)

このインタビューで生じたさまざまな文脈の転換は、インタビュアーと回答者との間のアクティヴな協同を示している。インタビュアーと回答者のギブアンドテイクが示唆するのは、回答の容器という見方が想定するよりもはるかに多くの色々なことが、インタビューの中で進行していたということである。語りの文脈の転換によって、さまざまな文脈が生み出された。その文脈の中で質問と回答が行われ、カテゴリーとして多様な意味が生み出されたのである。

7 多声性と多元的回答者

インタビューとは、さまざまな立場や観点のあいだの多様なやりとりを含むものだという考え方を真剣にとらえるならばどうだろうか。先のヘレン・コーディのインタビューについて考えるなら、ひとりの回答者とひとりのインタビュアーに加えて誰か他の人がそこに参加すると、物語という観点からは、インタビューが「多声的」なものになると言えるかもしれない。このことを意味の構築過程に貢献する可能性のある他の実際の声にも拡張して考えてよいのではないだろうか。これは、ひとつの同じインタビューの中に、たとえば娘の立場で話すことを好む介護者と、現時点では母親の声で自分の介護を表現するもうひとりの介護者とを同時に含めることを意味する。その結果、ここでは二人の別々の回答者が生まれる。そしてこのことはインタビュアーについてもあてはまる。たとえば、われわれは二人のインタビュアーがひとつのインタビューに参加するのを考えることができる。すなわち、そのうちひとりは主にインタビューにおいて話された「内容」について注意を払い、もうひとりはそこで物語がどのように話されたのか、その「方法」について注意を払うというものである。これによって、コミュニケーションの中でリーダーシップを取る新たな要素がインタビューに導入される。その要素によって、多様な筋書きを持った物語の産出が促進されると同時に、そうした物語の産出がモニターされるようになる。しかしこう言ったからといって、このような物語の多様な筋書きが、個々のインタビューのインタビュアーと回答者という二人の対話的特徴から産出されるものとして吟味できないと言っているわけではない。むしろ、多声性のもつ物語を産出する力というものは、複数の参加者の個々のコミットメントが重要になる場合や、あるいは特定のアイデンティティが一貫して回答を組織するような場合には、もっと強烈で、より可視的なものになるということである。

インタビューが多声的であるというとき、実際に複数の協同回答者がそのインタビューに含まれるとしたら、回答者の情報のストックの中に何が見出されるか考えてみよう。以下の二つの事例は、民族誌的調査の一部として行われたインタビューからのものだが、多声性という一般的な考え方は調査の設計にも適用できるだろう。つまりそこには複数の回答者の多様でさまざまな組み合わせが含まれるのである。もちろん、実際に参加した他者がインタビューの中で物語を構築することで、どんな種類の貢献をするのかという問題は、経験的に検証すべき事柄である。以下の事例は、インタビューのテーマとなっている経験が複雑で、関係的な性格を持っていることを可視化するために、他者をインタビューに参加させることが非常に生産的であることを示すものである。ところがそれにもかかわらず、他者をインタビューに参加させると、多声性を抑圧してしまう可能性も存在する。一般的なポイントは、アクティヴ・インタビューがそのような研究関心と調査の選択肢を考慮し、採用することを認めていることである。すなわちアクティヴ・インタビューは方法論上の都合や方法原理の問題として、インタビューへの複数の参加を制限することはない。

配偶者を伴ったインタビュー

われわれの最初の事例は、インタビューに配偶者を伴うことで、物語と物語の結びつきが形成され、それを使って、あるひとつのライフストーリーが伝えられ、さらにまた、ある介護施設における生活の質（ＱＯＬ）が描き出される様子を示している。以下のインタビューは、すでに本書で論じた「生活の質」調査の一部であるが一部であるが（Gubrium, 1993)、夫と死別した女性や独身女性、それにまだ結婚生活を続けて一緒に暮らしている入居者を対象として行われた。この調査のテーマは、一生を通した諸経験との関わりにおいて、老人ホームの生活の質は、どのような意味を帯びるかということであった。たとえば、同じ施設に住む「いわゆる家庭というものを持ったことがない」者と「天国の次に楽しい我が家」を回想する者とでは、ナーシングホームにおける生活の質はかなり対照的なものになるだろう。

次の例はウェストサイド・ケア・センターという老人ホームに暮らしている、ヒュー夫妻つまり、ドン・ヒューとスー・ヒューをインタビューしたときのものである。スーは八一歳、ドンは八八歳である。ドンが公式に設定された回答者であったのだが、インタビューの開始時に彼に求められたライフストーリーは、結局この夫婦の老人ホームにおける生活の質と結びつく物語を探求するために用いられ、スーの助けを借りて構築されることになった。インタビューが展開するにつれてすぐに、スーはドンが話す物語のバージョンが気に入っていないことが明らかとなった。なぜならその語りには彼女が含まれていなかったからである。すなわちドンは彼の人生からスーが消えてしまったかのように語ったのだ。スーはこの話に割って入り、物語の意味の地平を素早く再構築した。そしてこの意味の地平は最終的には、彼らの現在の状況を評価する物語と物語の結びつきを形成するために使われたのである。
インタビュアー（I）は、ドンに自分の人生を説明してくださいと言うところから始まっている。

I：（ドンに）あなたの人生についてお尋ねしたいんですが。
ドン：私はホーボー（渡り鳥労働者）だった。
I：ホーボーだったんですか。
スー：（ドンに）なんであなたがどこで生まれたか言わないの。
ドン：私はミネソタで生まれて、一六の時にそこを出たんだ。
スー：続けて。それでどうしてそこを出たの。
ドン：ふらふらしたかっただけさ。それで他の若いもんと一緒に行ったんだ。私たちは北太平洋鉄道の西側に行った。信号機の建設を手伝おうと思ってね。そこでしばらく働いて、ワイオミング州のシェリダンに行って、そこから山に登った。それから鉄道に乗ってうちに帰ってきたんだ。二、三年は家にいたんだが、仲間が「フロリダに行こう」と言うんだ。その時は「いや」と答えた。それから知り合いのある娘が父親とカリフォルニアに行こうとしていて、そこまで彼のフォードを運転してくれと頼まれた。私はそれを引き受けて、仲間とカリフォルニアに行ったんだが、砂漠まで行ったところで車は壊れちまった。そいつを直してからサクラメントに行った。(カリフォルニアでの自分の生活や、最終的にフロリダに達するその後の「西へ」の生活について詳細に述べる)。私たちはついにフロリダに着いた。やつ(ドンの仲間)は軍隊にいて、当時政府はフロリダで公有地の払い下げをしていたので、それを狙っていた。私たちはそこらじゅうを探したが、あたりは湿地しかなかった。それで私はフロリダのこちら側に来て、仲間と働き始めた。そこで女房と知り合って、私の人生は終わったってわけだ。

スー:(いやみに)なんでインタビュアーの彼女に、私たちがその間結婚してたってことを言わないの。私もそこにいたでしょ。

ドンが話を続けているあいだ、スーは自分たちが一緒に過ごした人生を物語の中で語るように、うるさく主張した。彼の最初の語りのバージョンは仕事の経験と「放浪」について長々と論じたものだったが、スーの主張によって、彼の物語には結婚や家族のことが含まれ始めた。さてここで、ドンが石工請負業者として長年仕事をした長大な物語で、話の最後に締めくくったインタビューにもどろう。

I：これは不況の後ですか。

ドン：不況は（間合い）……

スー：ちょうど終わった頃よ。

ドン：私は時給一〇セントの仕事のために一〇マイルも歩いた。だが家族もいたし、怠け者じゃあなかったからな。しかし、結局そこで働いた後、ひどい吹雪にあって。（詳細に語る）。それでフロリダに帰ることにしたんだ。（詳細に語る）。私たちは人生を楽しんだ。彼女（スー）は数回ペニシリン中毒になった。退職した時には生涯使える金がたまったと思った。

スー：インタビュアーの彼女にひとつ言うことを忘れてるわよ。私たちはコツコツとがんばって家を建てたじゃない。

ドン：ああ。いずれにせよ金は続かなかったが。私はもうあまり働けなくなったし、妻は何度か病気をした。

スー：（含み笑い）彼に聞いてあげて。その間に三人も子どもができたのよ。（いやみに）覚えてる？

ドン：ああ。三人子どもができた。そうだそうだ。以上。
スー：（笑って）以上？　冗談でしょ。

この後、ドンとスーは公然と協同して自分たちの人生を説明した。「何もかも夫婦で一緒にやった」というスーの言葉の意味は明らかになった。以下の引用が示すように、物語はいまやたんにドン個人の経験に関する語りではなく「彼らのもの」となった。

ドン：（含み笑い）これはたしかに言えることだが、私たちは結婚して六三年間ずっと楽しくやってきたよ。ずっといっしょに働いてきた。たとえば妻には何人か女友達がいたが、夜に出掛けることはけっしてなかった。どこに行くのも二人いっしょだった。
スー：私たちは旅行にもいっしょに行ったわ。国中をいっしょに旅した。そんなに悪くない人生を送ってきたのよ。私たちはキャンプが大好きだった。釣りも大好きで、アウトドアスポーツはみな大好きだった。野球やフットボールも好きで、何もかもいっしょにやったわ。バラバラにどこか行くことなんて一度もなかった。

インタビューは次にこの老人ホームの話題に移った。以前の場所での夫婦いっしょの生活に失望感があったにもかかわらず、ドンとスーはこの老人ホームでの生活のある側面にさらに憤っており、これまでのあらゆる苦境以上の辛さを訴えていた。しかし、彼らにとってただひとつのことが幸福な生活を支えていることも明らかだった。スーが確信するその何かとは、彼らのライフストーリーの一部として伝えられた「いっしょにいること」である。

ドンとスーは互いにからかい合い、めいめいの欠点をあげつらったけれども、互いの愛情に満ちた絆については繰り返し確認したのである。こうして、この夫婦が互いに「出しゃばり」なことを言い合うことによって、この老人ホームの欠点はそれほど大きな意味を持つものではなくなっていった。以下の引用にみられるように、スーとドンはこの老人ホームの環境に適応するのに、ただ単に批判ばかりしているような入居者ではなかった。すなわち、彼らは長年そのようにして楽しんできた出しゃばりなカップルであったし、これからもそうあり続けるだろう。このインタビューの中でスーとドンとが協同することで明らかになった物語は、彼ら夫婦が長年にわたりいっしょに生活してきたことと結びついた物語であり、そこから明らかになった老人ホームの生活の質は、ドンの物語の情報のストックだけからでは、けっして示されることはなかっただろう。もしドンの最初に話した物語が、このインタビューにおける物語の結びつきにとっての意味の地平になっていたなら、以下の会話からの引用の中で、ドンが言及している監獄のような老人ホームの生活の質は、彼の若かりし頃の自由な精神とするどく対比させられることになり、それではこの施設はまったく否定的なものになっていただろう。しかし、スーがインタビューに割り込んでくることで、そこで語られる物語に一定の影響を与えることになり、このような対比からも先鋭さが取り除かれ、こうして、現在の彼らの生活の質が、出しゃばりな関係をベースにしたもっと良好なものであると伝えられることになる。

ドン：（含み笑い）私はダメな放浪者だった。
スー：彼は放浪者じゃないわ。私たちはまったく昔と変わらず仲が良いし、彼を愛してるの。彼がいるからこそこんな所で我慢できるのよ。でも時々生意気を言うから身の程を教えてあげなきゃいけないの。といってもそれ以外はいっしょに楽しくやってるわ。彼はクリベッジ〔トランプゲームの一種〕をしていかさまをやったりするけど、それでも私たちはなんとかうまくやってるの。昔のことについておしゃべりしたりね。それでもってるのよ。
ドン：でも、ここはわしらのための所じゃない。言えるのはそれだけさ。本当に監獄みたいだ。もし妻がいなかったら気が狂ってるだろうし、妻もそうだろうさ。（詳細に語る)。ともかくもお互いがいるってことだ。
スー:本当にね。私たちは良い人生を送ってきたけど、今は猛烈にひどいわ。(含み笑い)テープには録ってほしくないけど。
私:ええ。
ドン:(スーにいやみに)おまえはもう「ムズムズ」しないって言いたいのかい。
スー:(含み笑い)「ムズムズ」なんて言ってないわよ。「ひどい」って言ったの。私たちはまだなんとか冗談を言っていられるの。

グループ・インタビュー

もし重要な他者の語る物語の力が、インタビュー参加者のアクセスする情報のストックを形成する一助になっているとしたら、グループ・インタビューにも同様の力が働いているはずである。まずこのことについて考えてみよう。グループ・インタビューのひとつであるフォーカス・グループは、多くの場合五名から一〇名の参加者により構成され、たとえば特定のマーケティング戦略の損益といったような話題について、司会者の誘導のもとに議論する。学術的な調査においては、司会者が調査者自身でもあることがしばしばである。セルフヘルプ・グループ運動においては、グループ・インタビューのもうひとつのタイプであるサポート・グループが奨励されたり主催されたりすることがよくあった。サポート・グループでの議論はフォーカス・グループにきわめてよく似ているが、参加者がいま経験しているとされる個人的な困難がそこでの議論の中心になることが多い。サポート・グループは、そもそもは参加者を援助するために組織されたものだが、それはアクティヴ・インタビューの形式としても（Gubrium, 1986参照）大いに役立つ。

モーガン（Morgan, 1988）は、相互行為の可視性をグループ・インタビューの主要な利点の一つとして挙げている。グループ討論における攻撃とその受け流しは、特定の人々における意見の一致と不一致に光をあてる。モーガンが指摘するように、グループ・インタビューでの意見交換においては、多様なカテゴリー化や多様な感情の表出が許容されるために、そこで参加者が攻撃されたときには、それに対抗するために参加者が自分の視点を具体化させたり、変更したり、再構築したりするといった様子が明らかになるのである。さらにまたグループ・インタビューにおいては、インタビューという過程における、局所局所のローカルな場における創意工夫や創発性が際だって明確になる。つまりそこで、物語と物語との複雑な結びつきがまさに生成されていく様子や、物語の意味の地平の多様性が具体的に示されるのである。

この点について、アルツハイマー症の患者を家庭で介護する人たちのためのサポートグループにおける多声性について考えてみよう。これは老い衰えゆくことに関する説明がどのように組み立てられるかという調査（Gubrium, 1986）の一部としてなされた研究である。そのグループのいくつかは、配偶者の介護者から成っていた。彼女たちはおもに、自宅で介護を受けている痴呆症の人々の高齢化した妻たちであった。痴呆症の親をもつ成人した子どもたちもいたが、たいていは介護を担っている娘であり、彼らはごく少数のグループに限られていた。ほとんどのグループは、家族の介護者と、当人にとって重要な他者、それに、まれに介護を担うことになる兄弟や友人といった人々を、さまざまに組み合わせたものであった。

サポート・グループの参加者がそれぞれ別々に、自分たちの個別のストーリーを語り、自分たち独自の介護経験を説明していくうちに、そこでなされる相互行為のおかげで、共有された情報のストックがしだいに発達していくのが明らかになる。こうして出来上がった「ローカルな文化」は、グループの参加者によって形成され、グループのディスカッションの文脈では、共有された意味をもたらした（Gubrium, 1989）。ちょうど組織の研究者たちが組織の意思決定に光をあてるために、個人の語りや共有されたストーリー、あるいは集合的なシンボルに注意を払うように（Jones, Moore, & Snyder, 1988）、サポート・グループのローカルな文化は、参加者たちが介護に結びつける意味づけや選択にとって、物語を話すためのリソースを提供した。つまり、個々の参加者はそこにいる他者やローカルな文化に対して、つねに潜在的な回答者であり、グループ討論を行うということは、みんなで互いにインタビューしあうことと同じことであった。このことはそこでなされるさまざまな質問や回答、そして解釈や立場の転換を見れば明らかだった。多くの点において、グループでの話の進行は、当然のことだが、個別の回答者を対象とした標準的なインタビューよりもむしろ、日常生活の複雑な多声性に似たものになる。

あるサポート・グループでは、「本当に」理想的な介護者という考え方が、個々の介護の責任を評価するために、その場でローカルな理由を提供する物語のリソースであり続けた。伝説の介護者ジェシカは、彼女自身はもはやこのグループに出席していなかったが、アルツハイマー症の人々に対して奉仕活動をする団体に一定の影響力をもっており、「完璧な献身」の事実上のモデルとなっていた。ジェシカはこのグループの参加者たちにとって、ひとつの基準となっており、その基準に照らして彼らは、自分の介護活動や、自分が感じた緊張や、老人ホームに該当者を入所させる際に感じる気持ちなどを比較したり、説明したりした。グループの参加者たちはジェシカの経験を利用して、「ジェシカが彼女の夫にしていること」と彼らの行った介護とを比べて、彼らの介護が「十分なもの」かどうか評価した。

しかし実際にそれが利用されるとき、ジェシカの介護イメージは常に肯定的に受け取られるわけではなかった。たとえばサポート・グループのメンバーたちが、ある出来事や経験の現実を認めることを暗黙に拒否するという、「否認」として知られているフロイト的な状況を考えるとき、ジェシカは度を超した過剰な献身のモデルとなった。そしてこれは、家族の責任について語るときに、それと対比的な意味の地平を呈示するために用いられた。つまり、否認という意味の地平に照らすと、ジェシカは依然として理想的なものとして言及されたが、見習っては「いけない」ものとされたのである。この文脈において、家庭での介護をこれ以上継続することは現実的なのかどうか、否認の状況と当該状況とを比較しながら判断するためにジェシカのモデルが用いられた。ここで問題は介護者が「もう手遅れ」なのかどうかということにあった。つまり、介護者が全身全霊で献身的に介護してしまうために、いわゆる痴呆症の二次的な犠牲者となってしまい、高齢者に対しては過剰な配慮を行い、個人的な緊張や家庭的な緊張についてはそれを否認するという悪循環に陥ってしまうところまでいってしまったのかどうかが問題だった。

ジェシカがサポート・グループで模範的な地位にあることによって、老人ホームに該当者を入所させることについて、まったく正反対の感情が同時に支持されるようになる。つまりジェシカが建設的なモデルの代表とされる場合、参加者たちは彼らの最愛の痴呆症の家族を、老人ホームに入所させることができるかどうか話すのをためらった。この意味の地平が作り出す物語の力に影響されると、グループの参加者たちは、たとえば自分の家庭の状況を評価して、すぐに結論に飛びつくような人たちは、あまりにも（冷淡で）合理的でありすぎると語るようになった。すなわち、こうした人々はいまや家庭での介護に代わる別な介護を考えるべき時であると、あまりにも利己的に判断してしまったというのである。これに対してジェシカが否定すべきモデルとして示される場合には、参加者たちは痴呆症が介護者や他の家族メンバーに対して間接的でも知らない間に大きな影響を与えていると語るようになる。この文脈においては、サポート・グループの参加者は、さきほどの否認という概念を、度を超した献身を支える根拠として理解しているように聞こえる。

献身であれ否認であれ、ジェシカの伝説的な地位は、参加者が物語を話す過程において、いま考察中の問題の内容に応じて、比較の基準である、建設的なモデルから否定的なモデルへと変動していった。その際ジェシカのモデルは固定したモデルから事実上「脱出」（Silverman, 1989）した。このことと連動して、ジェシカを自分自身の介護を評価するための根拠として用いていた参加者たちは、自分自身や自らを取りまく状況の理解において、そして他者の考えや感情の理解において、かなり劇的な転換を経験したのである。

現実にある多声性によって、インタビュー・データは計り知れないほどに拡大される。

われわれの最初の事例では、スーは重要な他者としてインタビューに参加し、ドンが自ら構築した物語をはるかにこえて、介護の質について話すために有効な物語の地平を形づくり、さらにそれを展開していった。二番目の事例では、ローカルな文化の物語を産出する力のおかげで、グループの参加者たちは、介護責任をめぐる物語と物語の結びつきや意味について、複雑な方法を使って識別することができるようになった。個々のインタビューに見られる、物語の語り手の絶え間ない立場の変化や自己言及性によって、それ自体だけでも多様な意味の地平がもたらされるものの、現実にある多声性はアクティヴ・インタビューにおける意味づけの豊かさを際立たせることができる。

8　インタビュー手続きの再考

本書の冒頭で述べたように、われわれの視点はインタビューを解釈する特有の方法を提供する。アクティヴなアプローチは単なる方法の一覧表にとどまらない。すなわちそれはデータ収集と分析に関する一定の理論的な立場である。さらに、そこには調査の手続きが含意されている。この最終章では、研究トピックや対象者の選択の手続きというものがアクティヴ・インタビューと結びつけたときに、どのように再考されるか概略することにしよう。

トピックの選択

いったん調査の実施が決定されると、結果として調査方法を決めなければならなくなる。

この問題に対応する簡単な方法は、ある調査トピックには特定の調査技法が、他の方法よりも無理なく適合するし、他のトピックに対しては別の調査手続きがより適していると言えばよい。それ自体はたしかに正しいことだが、このような考え方は調査方法が経験される現象と分離されており、調査方法と経験的な現象とはまったく別個のものであるということを示唆している。しかしながら、われわれがこれまで議論し、説明してきたように、経験的な現象とは調査の過程において、調査それ自体への応答として事実上現れるものである。この点から考えると、どのような方法論的アプローチを取るかによって、当該の現象が可能性としてどのようなものになるかが決まってくるのであり、それは避けられない。そしてこのことは逆もまた同様である。少し別な言い方をすれば、いま考察中のトピックを解釈する方法は、それを経験的に観察するために採用される方法によって決定されるし、同時にそれによって構築されるのである。このようにしてみると、アクティヴ・インタビューは、調査に入る前から持っていた事前の関心や、すでに設定されたアジェンダからだけでなく、当該状況に固有の活動と意味づけから、調査のトピックを発展させることができる（これに関わる特にフェミニスト的な含意については、DeVault, 1990を参照）。

標準的インタビューは、おそらく明白な行動学的あるいは人口統計学的情報、とりわけ質問のカテゴリーが十分に明確でよく知られているようなもの（たとえば回答者の年齢、性別、出身地など）を生みだすのに最も適している。しかし、すでに見てきたように、もっとも標準化された見かけ上公平無私なインタビューですら、アクティヴなものであることを偽って隠しているのである。アクティヴ・インタビューは意味づけと意味の構築作業を最も目立つ場所に持って行く。それゆえアクティヴなアプローチは、表面的には十分に明確な情報であるように見えるときでも、研究者が主観的な解釈や、むしろ一般的な解釈のプロセスに関心がある場合にもっともふさわしい調査方法になるだろう。

シンボリック相互作用論、エスノメソドロジー、社会構築主義、「新しいエスノグラフィ」、カルチュラル・スタディーズ、そして一部のフェミニズムなどさまざまな分析的伝統が主観性と解釈に関心を払ってきた。アクティヴなパースペクティヴは、これらのアプローチ（またはその他のアプローチ）のそれぞれに順応的であり、個々人の生活や社会的世界の主観的な内容から意味構築の過程まで、広範囲なトピックや重要な事柄の調査を可能にする。

標本選択

アクティヴ・インタビューのための「標本」選択は、標準的なサーベイ調査の標本抽出

（サンプリング）とまったく異なったものと考えられる。伝統的アプローチではあらかじめ母集団が想定され、それから標本の代表性や標本のもたらす情報の有益性にもとづいて、母集団にとって信頼性や妥当性をもった発言ができると想定された諸個人が選択される。しかし、われわれが第3章で述べたように、アクティヴ・インタビューにおけるサンプリングは絶えず進行しているプロセスである。すなわち、回答者集団を指定することは、仮説的で、暫定的で、ときとしてその場で自発的に生起することすらある。

たとえば調査が着手された後からでも、研究関心や必要性が新たに生じるにつれて回答者が追加されるだろう。インタビューが進展していって、たとえばさまざまな経験的、物理的、文化的な場所に結びついた特定の意味の地平が切り開かれるにつれて、調査者は自分の関心を惹いたり、解釈的に重要だと思われる場所にいる広範な種類の人々から情報を引き出したいと思うかもしれない。この考え方は、母集団を代表するセグメント（一部分）を捉えるというよりも、母集団を代表する意味の地平を絶え間なく引き出しながら、分析するといったものである。この点において、「サンプリングの枠組み」はいわば意味である。つまり意味とは、経験の「内容」であり、インタビューの実践に結びついた発見の過程を通してのみ立ち現れる。このようなアクティヴなサンプリングの形式は、グレイザーとストラウス（Barney Glaser & Anselm Strauss, 1967）に詳しく述べられている。

標本選択が絶えず進行していく過程であるということは、それとまったく異なる側面、すなわち意味構築の「方法」に焦点がおかれる場合でもそうである。このことはさまざまな点において、回答者が物語を話すときの立場やコミュニケーションの文脈、そして、会話の組織化と多声性に関わってくる。回答者たちは、一つ以上の立場や視点から、さまざまな方法で説明や記述や評価を表現し、いわば複数の声で回答することができる。たとえ形式的に設定された回答者が同一で変わらなくても、事実上、回答者の背後の主体はコメントごとに変化するかもしれない。もちろんこのことは、誰があるいは何が標本（サンプル）を構成するのかということについて、重要な含意をもつ。

慢性的な精神疾患と診断された人々にとって、コミュニティ密着型のサービスが利用可能なのか、またそのサービスの質は何かを調査したインタビュー研究において、サンプリングについて問題が発生した。この問題とそれが生じた機会について考えてみよう。この研究は、サービス提供組織、およびその代理機関の代表や、それらの組織の潜在的クライアント、そして潜在的クライアントの重要な他者、さらにその他の有識者など、当該コミュニティ全域からさまざまなインフォーマントを含むよう設計された。サンプルはこれらを代表する視点が得られるように選ばれた。

地元のセルフヘルプ・グループである「ウェルネス」法人は、サンプルの一部として指定されたコミュニティの組織のひとつであった。常務理事の女性が回答者となることに同意し、彼女がグループの使命や会員の地位、資産の基盤、目標などの詳細について順序立てて述べるかたちで、インタビューは順調かつ有益に進行した。回答者は調査者の最初のインタビュー要請を、サービス代理機関の理事あるいはグループのリーダーとして語ることとして捉えたために、サービス提供者の視点を反映した説明や評価に関わる意味の地平や物語の結びつきを展開していった。

しかし、インタビューの途中で、この理事は「クライアントがセルフヘルプ・グループから出ていってしまったらどうするんですか」と尋ねられた。この問いはそれほど予期された問いではなかったが、回答者の解釈の立場を転換する契機として働いた。「元精神疾患を患っていた者として言えば」と彼女は語り始め「私たちがこのグループを設立する前は、私がどんなに孤独を感じていたかとても言いあらわせません」と述べた。彼女はその時、サービスを受ける者の視点からこの組織について説明し始めた。

このような立場の転換は複雑な声を導入するだけではなく、研究者にとってサンプリングの困難さを示している。この回答者がインフォーマントとして選ばれたのは、彼女が「組織の理事」であったからだ。すなわち、彼女のインタビューから得られたデータは、「組織」サンプルの一部として分類され、分析されるはずであった。物語を話す立場が転換することによって、回答者はいまやサービスの「提供者」ではなく、サービス提供システムの「クライアント」となったのである。このインタビューにおける彼女の回答はまったく適切だが、それはそもそも想定された組織のサンプルとしてではない。いまや研究者にとっての問題が起こってくる。この回答者とは誰なのか。彼女に対するインタビュー・スケジュールをどの書類の山の上に置けばいいのか。インタビューにおける彼女の回答をいかにコード化すべきなのか。そして、彼女の答えをどうやって分析するのか。

物語を話す立場が転換する可能性があるということは、標本の抽出（サンプリング）がインタビューを行っているまさにその間に起こりうるし、実際に起こることを意味している。そして物語を話す立場が転換すると、その過程において、コミュニケーションの内容に一定の変化が起こるのである。インタビュアーがそのような転換をあからさまに促進したり、明確にしようと努める場合、インタビュアーは実質的にサンプルをアクティヴに変更している。同様に、回答者もまたサンプリングに影響力を持っている。つまり回答者が自発的に「声の転換」を決断するとき、回答者は実際にも理論的にもサンプリングの決定を行っているのである。こうして、サンプリングの過程とは当該状況に固有の自生的なものであり、完全に標本設計の統制下におかれることは決してない。もちろん、このことはアクティヴなサンプリングの難しさであり強さでもある。すなわち、それは絶えず進行している活動としてのサンプリングが、回答者、調査者、インタビュアーといったすべてのインタビュー参加者を含むものであることを示唆している。

アクティヴ・インタビューの実践

その相対的な柔軟さにもかかわらず、アクティヴ・インタビューは組織だったものである。意味構築の場として、アクティヴ・インタビューはインタビュアーとインタビュアーの調査計画によって導かれている。したがってインタビュアーは、インタビューが進行するに伴って、インタビューに持ち込まれる前例や刺激や抑制や視点というものを避けるのではなく、反対にそれらを提供する準備をしておかなくてはいけない。

このことは回答者にインタビューが申し込まれる瞬間から始まっている。つまり、調査の紹介と協力依頼は、これから探求すべき調査のトピック領域が、回答者にうまく伝わるように戦略的に行わなければならないし、調査トピックを探求するのに、どのような立場からなされるべきかについてもうまく伝わるようにしなければならない。調査者の目的は、回答者がインタビュアーの質問になんとか関われるような最初の文脈を提供することである。この文脈はインタビューを通して変化するものであるが、その出発点は念入りに確立しておく必要がある。

アクティヴ・インタビューはひとつの会話だが、手引きとなる目的や計画がないわけではない。他のインタビューにおけるように、研究者の関心が託されたインタビュアーの問いが回答を導き出す。ここで標準的なインタビューであれば、回答が汚染されることに向けられる関心は、回答者およびインタビュアーのアクティヴ性の注目に置き換えられる。ここで重要なポイントは、研究目標との関連において意味構築の内容と過程とを明らかにするために、インタビュアーと回答者との間のダイナミックな相互行為をフルに生かすことである。

インタビューのガイドがインタビュアーに提供するものは、事前に決定された一組の質問である。そしてインタビュアーはそれを使って回答者と適切に関わり、物語がなされる領域を指し示す。尋ねるべき問いを規定している標準的な調査票とは対照的に、アクティヴ・インタビューのガイドは助言的であり、調査手続きに関わる指示というよりはむしろ会話のアジェンダといったものである。インタビューのガイドの活用法は、インタビューごとに異なるかもしれない。すなわち、ある場合にはそれはインタビューの会話における核心となることもあるだろうし、他の場合には回答者がインタビュアーと協同で物語を話す領域を仕切ってしまい、それを独自に展開したために、当初のインタビューのガイドが実質的に無視されるかもしれない。

アクティヴ・インタビューにとって、回答者の物語を話す活動をはぐくみ、豊かに発展させることが最大の目標である。インタビュアーはこれをあらゆる機会に促進する。これは回答者の物語を話す立場の転換や物語と物語の結びつき、それに意味の地平というものが、インタビュアーが質問のために準備した事前の質問項目に内在する物語の結びつきや意味の地平に優先することを意味する。インタビューのガイドの一般則は、特定の質問がインタビューの会話を導く準拠枠として必要なのか適切であるのかといった判断について、回答者の回答にいっさいゆだねるということである。このことによってインタビューは、即興的ではあるが、焦点がはっきりした性質を持つようになる。このイメージはまさに、われわれが意味構築過程について持つ一般的なイメージである。

アクティヴ・インタビュアーはさまざまな方法でインタビュアー自身をインタビューの中に投入させ、回答者が物語を話すように刺激し、促進する。インタビュアーと回答者にとって互いに関心のある話題に関して会話することは、インタビュアーが現在進行中の話の筋に注目しており、興味をもっていることを回答者に伝えるひとつの方法である。互いにとってよく知っている出来事や経験や見通しを用いることは、ラポールや（Douglas, 1985で述べられているような）「コミュニオン（交感）」を確保するのみならず、会話を特定の意味の地平や物語の結びつきに引き留めておき、そこで回答者がさらに詳しく語るよう促す。

調査のトピックや回答者の経験に関連した状況についての背景知は、インタビュアーにとって非常に貴重なリソースになることもある。もし可能であれば、アクティヴ・インタビュアーは、回答者が志向する物質的状況や文化的状況、それに解釈的状況に慣れ親しんでおくべきだし、経験を伝える媒介としての語彙にも精通するべきである。これは回答者の観点や解釈をよりよく理解する手段としてのみならず、インタビューという会話の土台として参照される共有された知覚や経験をはぐくむ方法として重要である。背景知があるおかげで、インタビュアーは回答者の生活や経験の適切な側面について質問することによって、インタビュアーは仮説的で抽象的な水準からきわめて具体的な水準へと移行することができる。これは、状況に即した豊かな記述や解釈や説明を促進するためにとりわけ成果の多い戦略である。重要なポイントを一般化して言えば、重要なことは、回答者が自分の日常生活について、生きられた経験（Smith, 1987）の状況に由来する言葉で、物語を話すように促すことである。

最終的にアクティヴ・インタビュアーは、良心的に、しかも用心深く、多声性を促進するものである。相互行為を通して妥当性を獲得しながら、インタビュアーは回答者が物語を話す立場を転換して、異なったさまざまな役割をとるように、インタビュー全体を通して促す。回答者にある視点から調査のトピックについて言及させ、それから同じトピックを別の視点から語るように求めることは、回答者の情報のストックを活性化させ、いま調査している現象に回答者が意味づけを行う多様な方法を探求するひとつのやり方である。物語を話す立場の転換によって生じてくる矛盾や複雑さは、いまとは別な意味の地平や物語の結びつきを示すものとして再考される。このような非一貫性は、標準化されたサーベイ調査を行う者を悩ませるかもしれない。ところが、アクティヴ・インタビューにとってそれらはまさに商売道具なのである。

以上のような調査手続きに関する考察はすべて、意味はダイナミックなものであり、意味は物語を話す文脈や状況に関する複雑なリソースからアクティヴに編成されるという視点をフルに活用するためにある。したがって、アクティヴ・インタビュアーの仕事は、質問リストにそって尋ねることなどではない。むしろアクティヴ・インタビューには、主体が当該状況に関連した意味を持ってくるように促し、解釈の可能性を広げ、物語と物語が結びつくことを容易にし、現在のものと代替するさまざまな視点を示唆し、多様な意味の地平を肯定的に評価することが含まれている。このため、アクティヴ・インタビューの方法は厳密には規定することができない。つまりわれわれの示唆は規則のようなものとはほど遠い。その代わりにわれわれは、インタビューを行うための指針となるオリエンテーションを提供する。すなわち、解釈の実践を至上のものとせよ。あらゆる戦略的考慮はここから導かれる。

データ収集

アクティヴ・インタビューは意味とその構築とに関わっているため、そのデータは実体的であると同時に過程的なものでもある。あらかじめコード化された回答形式は、アクティヴなアプローチが生みだす創発的現象を捉えるのにこれほど不向きなものはない。その代わりにアクティヴ・インタビュアーは、将来の分析のために、言われた内容のみならず、インタビューがいかに成し遂げられたかという方法に関する相互作用のディテールをも記録する。つまり、アクティヴ・インタビュアーは「インタビューのエスノグラファー」といったものとして新たに概念化されるのである。

もし可能であれば、研究者はインタビューを録音もしくは録画すべきである。それらのテープは後に詳細な分析のために、トランスクリプトとして書き起こすことができる。それができない場合には、インタビューの会話の詳しい「プロセス・ノート」をとり、インタビューが完了次第できるだけすぐにそれを明確にし、詳細に補足すべきである。実際に録音や録画があるにせよないにせよ、調査者はその会話で触れられている文脈の詳細を提供するために、インタビューをとりまく状況についてもノートに記録する（Gubrium & Holstein, 1994, Holstein, 1993 参照）。

アクティヴ・インタビューから得られるデータには、有意味な経験の地平を確立するために、回答者が言ったことや「ことばでもってなされた」無数のことが含まれている。その結果、データ収集はことばを媒介したり、相互行為を媒介にした意味構築の過程を捉えることに注意が払われる。回答者の話を要約するときは何であれ、コミュニケーションの中で何が伝えられたかという内容のみならず、実質的な内容をもった意味が組み立てられてくる、物語と物語の結びつきや回答者の志向性、それに物語のダイナミクスをも記録すべきである。問題のある会話はしばしばそこにおいて意味が吟味され、再構成され、あるいはそれに抵抗している状況を示しているので（DeVault, 1990）、混乱や矛盾、あいまいさ、抵抗のしるしもまた記録されるべきである。アクティヴ・インタビューのデータが解釈の実践の記録であることをわれわれはつねに肝に銘じるべきである。すなわち、それらは言われた内容と同様に、いかに言われたか、その方法を捉えるものである。

分析とプレゼンテーション

結局、アクティヴ・インタビューが型にはまらない性質を持っているとすれば、そのデータからどのようにして意味が読みとれるのだろうか。解釈の実践にかかわるデータを分析することは、従来のインタビュー分析よりもいくぶん「科学的」でなく、いくぶん「技巧的」なものである。しかしながら、このことは分析が不正確であることを意味するわけではない。まったく逆に、アクティヴ・インタビューのデータは、内容と過程の両方に注意と感受性を要請する。

これまでの調査の伝統では、インタビューは経験の記述として、多かれ少なかれ現実の正確な報告や現実の描写（文字通りそれを代理するもの）として分析されてきた。つまり分析は体系的にグループ分けしたり、説明を要約したりするものであり、回答者が描く社会的世界の諸側面をすべて包み込んで説明し、同時に社会的世界を一貫して組織化する枠組みを提供するものとされた。こうして回答者の解釈活動は、彼らが報告する内容に従属させられる。すなわち、客観的な「内容」が「方法」を圧倒してしまうのである。

これとは対照的に、アクティヴ・インタビューのデータは「内容」と「方法」のダイナミックな相互関係を示すために分析される。回答者の話は、固定された情報の貯蔵庫からもたらされた現実の報告のコレクションとはみなされない。その代わりに、回答者の物語はインタビュアーとの協同を通して、現実の諸側面を編成していく方法であるという視点から考察される。ここでの焦点は、編成される内容と同様に、編成の過程にもおかれている。社会学的な物語（ナラティヴ）の分析と言説分析を使えば、解釈の実践の会話記録を分析することによって、当該状況において伝えられた主観的意味だけでなく、現実を構築する実践を明らかにすることができる（DeVault, 1990; Gubrium & Holstein, 1994;Holstein & Gubrium, 1994参照）。分析の目標は、そこで産出された意味と、意味構築の過程を条件づける諸状況を見失うことなく、インタビュアーと回答者との間の相互作用において、どのようにしてインタビューの回答が産出されたかを示すことである。分析の目的は、たんに状況づけられた語りの産出を記述することではなく、語られていることがどのようにして研究対象である経験や生活と関わっているのかを示すことである。

インタビュー・データからの発見を論文に書いたり、発表したりすることは、分析というそれ自体一種のアクティヴな企てである。たんに「データに語らせる」というよりも、アクティヴな分析者は経験主義的に意味構築の過程を詳細に記述する。豊富な例証と語りの記録への言及によって、分析者は回答者が意味を生みだす複雑な言説活動を記述する。

ここでの目標は、さまざまな意味や、意味と意味との結びつきや、意味の地平が、われわれがはじめに述べたように、ますます有力な「世界を見る窓」となっているインタビュー環境において、どのようにアクティヴに構成されているのか解明することである。分析者の報告は、インタビュー参加者たちの語りを「脱構築」するほどまで、要約したり、編集したりせず、生きられた経験に関する語りのドラマにおいて「何」がどのような「方法」でなされたかを読者に示すのである。

参考文献

Abel, E, K. (1991). *Who cares for the elderly?* Philadelphia: Temple University Press.

Alasuutari, P. (1995). *Researching culture: Qualitative method and cultural studies.* London: Sage.

Atkinson, P. (1990). *The ethnographic imagination.* London: Routledge.

Backstrom, C. H. & Hursh, G. (1963). *Survey Research.* Evanston, IL: Northwestern University Press.

Bakhtin, M. (1981). *The dialogic imagination.* Austin: University of Texas Press. =伊東一郎訳(1996)『小説の言葉　付「小説の言葉の前史より」』平凡社ライブラリー

Bauman, R. (1986). *Story, performance, and the event: Contextual studies of oral narrative.* New York: Cambridge University Press.

Behar, R. (1993). *Translated woman: Crossing the border with Esperanza's story.* Boston: Beacon

Berger. P. & Luckmann, T. (1967). *The social construction of reality.* New York: Doubleday. =山口節郎訳(2003)『現実の社会的構成：知識社会学論考』新曜社

Blumer, H. (1969). *Symbolic Interactionism.* New York: Prentice Hall. =後藤将之訳(1991)『シンボリック相互作用論：パースペクティヴと方法』勁草書房

Briggs, C. (1986). *Learning how to ask: A sociolinguistic appraisal of the role of the interviewer in social science research.* Cambridge, UK: Cambridge University Press.

Bruner, J. (1986). *Actual minds, possible worlds.* Cambridge, MA: Harvard University Press. =田中一彦訳(1998)『可能世界の心理』みすず書房

Burgos-Debray, E. (Ed.). (1984). *I, Rigoberta Menchu.* London: Verso.

Cannell, C. F., Fisher, G., & Marquis, K. H. (1968). *The influence of interviewer and respondent psychological and behavioral variables on the reporting in household interviews* (Vital and Health Statistics, Series 2. No.26). Washington, DC: Government Printing Office.

Center for Political Studies.(1992). *American National Election Survey*. Ann Arbor: University of Michigan, Institute for Social Research, Center for Political Studies.

Cicourel, A. V. (1964). *Method and measurement in sociology*. New York: Free Press. =下田直春監訳(1981)『社会学の方法と測定』新泉社

Cicourel, A. V. (1974). *Theory and method in a study of Argentine fertility*. New York: Wiley.

Clifford, J. (1992). Traveling cultures. In L. Grossberg, C. Nelson, & P. Treishler (Eds.), *Cultural studies* (pp. 96-112). New York: Routledge.

Clifford, J. & Marcus, G. E. (Eds.). (1986). *Writing culture*. Berkeley: University of California Press. =春日直樹ほか訳 (1996)『文化を書く』紀伊国屋書店

Clough, P. T. (1992). *The end(s) of ethnography*. Newbury Park, CA: Sage.

Converse, J. M. & Schuman, H. (1974). *Conversations at random: survey research as interviewers see it*. New York: John Wiley

Danziger, K. (1990). *Constructing the subject*. New York: Cambridge University Press.

De Vault, M. (1990). Talking and listening from women's standpoint: Feminist strategies for interviewing and analysis. *Social Problems*. 37, 96-117.

De Vault, M. (1991). *Feeding the family: The social organization of caring as a gendered work*. Chicago: University of Chicago Press.

Dillman, D. A. (1978). *Mail and telephone surveys*. New York: John Wiley.

Douglas, J. (1985). *Creative interviewing.* Beverly Hills, CA: Sage.
Fonow, M. M. & Cook, J. (Eds.). (1991). *Beyond methodology: feminist scholarship as lived research.* Bloomington: Indiana University Press.
Foucault, M. (1979). *Discipline and punish.* New York: Vintage. = 田村俶訳(1977).『監獄の誕生:監視と処罰』新潮社
Fowler, F. J., & Mangione, T. W. (1990). *Standardized survey interviewing.* Newbury Park: CA: Sage.
Garfinkel, H. (1967). *Studies in ethnomethodology.* Englewood Cliffs, NJ: Printice Hall. ＝（部分訳）山田富秋・好井裕明・山崎敬一編訳（1987）、『エスノメソドロジー』せりか書房、北澤裕・西阪仰訳(1989).『日常性の解剖学』マルジュ社
Geertz, C. (1988). *Works and lives.* Stanford, CA: Stanford University Press. = 森泉弘次訳(1996).『文化の読み方／書き方』岩波書店
Glaser, B., & Strauss, A. (1967). *The discovery of grounded theory.* Chicago: Aldine. = 後藤隆・大出春江・水野節夫訳(1996).『データ対話型理論の発見:調査からいかに理論をうみだすか』新曜社
Gilligan, C. (1982). *In a different voice.* Cambridge, MA: Harvard University Press. = 生田久美子・並木美智子訳(1986)『もうひとつの声:男女の道徳観のちがいと女性のアイデンティティ』川島書店
Gorden, R. L. (1987). *Interviewing: Strategy, techniques, and tactics.* Homewood. IL: Dorsey.
Gubrium, J. F. (1986). *Olddtimers and Alzheimer's.* Greenwich, CT: JAI.
Gubrium, J. F. (1988). *Analyzing field reality.* Newbury Park, CA: Sage.
Gubrium, J. F. (1989). Local cultures and service policy. In J. F. Gubrium & D. Silverman (Eds.), *The politics of field research* (pp. 94-112). London: Sage.
Gubrium, J. F. (1992). *Out of control.* Newbury Park, CA: Sage.

Gubrium, J. F. (1993). *Speaking of life: Horizons of meaning for nursing home residents.* Hawthorne, NY: Aldine de Gruyter.

Gubrium, J. F., & Buckholdt, D. R. (1982). *Describing care.* Cambridge, MA: Oelgeschlager, Gunn and Hain.

Gubrium, J. F., & Holstein, J. A. (1990). *What is family?* Mountain view, CA: Mayfield. =中河伸俊・湯川純幸・鮎川潤訳(1997)『家族とは何か：その言説と現実』新曜社

Gubrium, J. F., & Holstein, J. A. (1994). Analyzing talk and interaction. In J. Gubrium & A. Sankar(Eds.), *Qualitative method in aging research* (pp. 173-188). Thousand Oaks, CA: Sage.

Gubrium, J. F., & Holstein, J. A. (1995). Biographical work and new ethnography. In R. Josselson & A. Lieblich (Eds.), *The narrative study of lives* (Vol. 3). Thousand Oaks, CA: Sage.

Gubrium, J. F., Holstein, J. A., & Buckholdt, D. R. (1994). *Constructing the life course.* Dix Hills, NY: General Hall.

Hardings, S. (Ed.). (1987). *Feminism and methodology.* Bloomington: Indiana University Press.

Heritage, J. (1984). *Garfinkel and ethnomethodology.* Cambrige, UK: Polity.

Holstein, J. A. (1988). Court-ordered incompetence: Conversational organization in involuntary commitment proceedings. *Social Problems*, 35, 458-473.

Holstein, J. A. (1993). *Court-orderd insanity: Interpretive practice and involuntary commitment.* Hawthorne, NY: Aldine de Gruyter.

Holstein, J. A., & Gubrium, J. F. (1994). Phenomenology, ethomethodology, and interpretive practice. In N. K. Denzin & Y. Lincoln (Eds.), *Handbook of qualitative research* (pp. 262-272). Thousand Oaks, CA: Sage.

Holstein, J. A ., & Staples, W. G. (1992). Producing evaluative knowledge: The interactional bases of social science findings. *Sociological Inquiry*, 62, 11-35.

Hyman, H. H., Cobb, W. J., Feldman, J. J., Hart, C. W., & Stember, C. H. (1975). *Interviewing in social research.* Chicago: University of Chicago Press.

Institute for Survey Research.(1987). *National Survey of Families and Households.* Philadelphia, PA: Temple University, Institute for Survey Research.

Johnson, J. C. (1990). *Selecting ethnographic informants.* Newbury Park: CA: Sage.

Jones, M. O., Moore, M. D., & Snyder, R. C. (Eds.). (1988). *Inside organizations.* Newbury Park, CA: Sage.

Kimmel, D. C. (1974). *Adulthood and aging.* New York: John Wiley. = 加藤義明監訳(1994)『高齢化時代の心理学』ブレーン出版

Kirk, J., & Miller, M. L. (1986). *Reliability and validity in qualitative research.* Beverly Hills, CA: Sage.

Maccoby, E. E., & Macobby, N. (1954). The interview: A tool of social science. In G. Linzey(Ed.). *Handbook of social phychology* (pp. 449-487). Reading, MA: Addison-Wesley.

Madge, J. (1965). *The tools of social science.* Garden City, NY: Anchor.

Manning, P. L. (1967). Problems in interpreting interview data. *Sociology and Social Research*, 51, 301-316.

Marcus, G., & Fisher, M. (1986). *Anthropology as cultural critique.* Chicago: University of Chicago Press. = 永渕康之訳(1987).『文化批判としての人類学』紀伊國屋書店

Mayhew, H. (1861-1862). *London labour and the London poor.* London: Griffin, Bohn and Company.

Mishler, E. G. (1986). *Research interviewing.* Cambridge, MA: Harvard University Press.

Mishler, E. G. (1991). Representing discourse: The rhetoric of transcription. *Journal of Narrative and Life History.* 1, 255-280.

Morgan, D. L. (1988). *Focus groups as qualitative research.* Newbury Park, CA: Sage.

Moser, C. A. (1958). *Survey methods in social investigation.* London: Heineman.

Myerhoff, B. (1992). *Remembered lives.* Ann Arbor: University of Michigan Press.

Ochberg, R. L. (1994). Life stories and storied lives. In A. Lieblich & R. Josselson (Eds.), *The narrative study of lives* (Vol.2, pp. 113-144). Thousand Oaks, CA: Sage.

Opie, A. (1994). The instability of the caring body: Gender and caregivers of confused older people. *Qualitative Health Research*, 4, 31-50.

Pollner, M. (1987). *Mundane reason.* Cambridge, UK: Cambridge University Press.

Pool, I. de S. (1957). A critique of the twentieth anniversary issue. *Public Opinion Quarterly*, 21,190-198.

Rabinow, P. (1977). *Reflections on fieldwork in Morocco.* Berkeley: University of California Press. = 井上順孝訳(1980)『異文化の理解：モロッコのフィールドワークから』岩波書店

Reinharz, S. (1992). *Feminist methods in social research.* New York: Oxford University Press.

Riessman, C, K. (1993). *Narrative analysis.* Newbury Park, CA: Sage.

Rogers, C. R. (1945). The non-directive method as a technique for social research. *American Journal of Sociology*, 50, 279-283.

Sacks, H., Schegloff, E., & Jefferson, G. (1974). A simplest systematics for the organization of turn-taking in conversation. *Language* 50, 696-735.

Sarbin, T. R. (1986). *Narrative Psychology: The storied nature of human conduct.* New York: Praeger.

Schutz, A. (1967). *The phenomenology of the social world.* Evanston, IL: Northwestern University Press. = 佐藤嘉一訳(1980)『社会的世界の意味構成』木鐸社

Silverman, D. (1985). *Qualitative method and sociology.* Aldershot, UK: Gower.

Silverman, D. (1989). The impossible dreams of reformism and romanticism. In J. F. Gubrium & D. Silverman (Eds.), *The politics of field research* (pp. 30-48). London: Sage.

Silverman, D. (1993). *Kundera's immortality and field research: Uncovering the romantic impulse.* Unpublished manuscript, Department of Sociology, Goldsmith's College, University of London.

Silverman, D. (1994). *Interpreting Qualitative data.* London: Sage.

Smith, D. E. (1987). *The everyday life as problematic: A feminist sociology.* Boston: Northeastern University Press.

Smith, D. E. (1990). *Texts, facts, and the femininity.* New York: Routledge.

Stanley, L. (1983). *Breaking out: Feminist consciousness and feminist research.* London: Routledge. =矢野和江訳(1987)『フェミニズム社会科学に向って』勁草書房

Sudman, S., & Bradburn, N. M. (1983). *Asking questions.* San Francisco: Jossey-Bass.

Taylor, C. (1989). *Sources of the self.* Cambridge, MA: Harvard University Press.

Tarkel, S. (1972). *Working.* New York: Avon. =中山容他訳(1983)『仕事』晶文社

Thorne, B. (1993). *Gender play.* New Brunswick, NJ: Rutgers University Press.

Thorne, B., Kramarae, C., & Henry,N. (Eds.). (1983). *Language, gener, and society.* New York: Newbury House.

Todorov, T. (1984). Mikhail Bakhtin: *The dialogical principle.* Minneapolis: University of Minnesota Press. =大谷尚文訳(2001).『ミハイル・バフチン対話の原理』法政大学出版局

Van Maanen, J. (1988). *Tales of the field.* Chicago: University of Chicago Press. =森川渉訳(1999)『フィールドワークの物語:エスノグラフィーの文章作法』現代書館

Williams, R. (1993). Culture is ordinary. In A. Gray & J. McGuigan (Eds.), *Studying culture* (pp. 5-41). London: Edward Arnold. (Originally work published 1958)

Willis, P. (1990). *Common culture.* Boulder, CO: Westview.

訳者あとがき——山田富秋

本書はホルスタインとグブリアムによる構築主義的なインタビュー論である。彼らが主張するように、本書は従来の社会調査に対する大胆な挑戦である。つまり、調査対象者は単なる「回答の容器」ではなく、アクティヴなエージェントである。調査者であるインタビュアーと協同で、アクティヴな回答者は、提示された調査トピックを手がかりとしながら、インタビューのなされる状況や自分の経験をリソースとして、自分の物語を語る立場やアイデンティティをつぎつぎと変化させたり、ある物語と別な物語を結びつけたりして、多様な意味の地平を組み立てていく。そして調査者であるインタビュアーは回答者が物語を産出しやすい環境を整えることで、ストーリーテラーとしての彼らを援助しなければばならない。このようなアクティヴ・インタビューから生まれる新しい調査方法とは、インタビューというプロセスのエスノグラフィーである。

彼らがどうやってこの視点に到達したのか単純化して言ってしまうと、彼らは伝統的な社会調査法が行ってきた、インタビューの回答という、語られた「内容（what）」だけを重視するのではなく、それがどのように語られたのかという「方法（how）」も同様に重視したということだ。するとそこから、同一の回答者であっても、インタビューの進展につれて、さまざまなアイデンティティから物語を語っていることがわかってくる。同様のことは調査者にも言える。つまり、調査者と対象者という固定した関係は、インタビューの最初に設定された暫定的な関係にすぎないものである。ここからインタビューがインタビュアーと回答者によって構築されるダイナミックなプロセスであるという主張が出てくる。

本書の内容をざっと概観すると、2章で彼らは量的調査における構造的インタビューと実存主義的なロマン主義的インタビューの両者を比較しながら批判することによって、これに続く議論のイントロを用意する。続く3章では、通常の社会調査では等閑視されている調査対象者の適性が問題にされる。これは調査における権力関係と差別を明示化する視点である。こうして4章、5章、6章の三章にまたがって、インタビューをアクティヴなプロセスと見たときに、それが具体的にどうやって組み立てられているのか、情報のストックをリソースとして使いながら、物語を組み合わせて、意味の地平が構築される様子が説明される。最後に7章では、回答者が複数の場合の多声的な状況の意味が追求され、8章では伝統的な社会調査の調査手続きと比較して、アクティヴ・インタビューの独自性が再度確認される。

ここで本書の著者の簡単な紹介をしよう。ジェイムズ・ホルスタインとジェイバー・グブリアムがアメリカにおいて社会構築主義の指導的な研究者であることは有名である。この二人の多産には驚かされるばかりで、本書をはじめ、社会学の教科書や副読本から始まって、社会調査法やアイデンティティ論についても共著がある。邦訳として、中河伸俊・湯川純幸・鮎川潤訳の『家族とは何か』がすでにある。原著の著者紹介にしたがえば、ホルスタインは社会構築主義者でもエスノメソドロジーに近い立場で仕事をしているという。そして彼の具体的な調査フィールドは精神医療である。また、グブリアムは社会構築主義の立場から、高齢者を対象としたケアの場面を調査している。

また本書の翻訳が企画された経緯について少しだけ述べたい。私たちは二〇〇二年二月に、本書の著者の一人であるグブリアム氏を鮎川潤と中河伸俊の両氏に仲介の労をとっていただき、京都にお呼びしてセミナーを開催することができた。このセミナーは私の所属する京都精華大学創造研究所の主催で行われた。同研究所には感謝を表したい。その際、日本全国から、社会構築主義や質的調査法、それに高齢者問題や家族に関心を持つ研究者が集い、グブリアム氏の豊富なインタビューデータをもとにした濃密な講義に感銘を受けながら、たいへん実り多い議論ができた。そのとき参加者のあいだで、氏の提唱するユニークなインタビュー法、つまりアクティヴ・インタビューを翻訳して、多くの日本の読者に広く紹介できないだろうかという提案があった。それが本書を訳出するきっかけである。

本書はそれぞれ下訳として1章と2章を山田が、3章と4章を兼子が、5章と6章を倉石が、そして最後の7章と8章を矢原が担当した。最終的に文章をある程度こなれた日本語表現に統一して手直しを行い、訳語の統一をはかったのが山田である。本書を読み込んだ読者であれば、原著ではどう表現されているのか気になるところだと思うが、たとえば、英語の〈subject〉は、同一の単語でありながら、文脈によっては、調査の対象者とも、主体とも、心理学の実験の文脈では被験者とも訳してある。また、社会調査やジャーナリズムにあまり親しくない読者は、本書に出てくる多くの人名について疑問を持たれるかもしれない。特に社会学や社会調査に関する人名については、桜井厚の『インタビューの社会学』と『ライフストーリーとジェンダー』（ともに、せりか書房）を参照していただきたい。後者の巻末には、簡便な文献案内があり、そこで人名も確認できるはずである。

最後に謝辞になるが、本書の訳出にいろいろとアドバイスをいただいただけでなく、ていねいな日本語版のまえがきを寄せていただいたホルスタイン氏とグブリアム氏に感謝したい。また、せりか書房の船橋純一郎編集長には、時間的制約のなか、非常に有益なコメントをいただき、翻訳の仕事がはかどったことに感謝したい。

なお、今回の再版のために、慶應大学大学院の八木良広氏には初版の訳語をチェックして誤訳を訂正する労を煩わせてしまった。ここに記し、感謝の意を表したい。

訳者紹介

山田富秋（やまだ　とみあき）
1955年生まれ。松山大学人文学部教授。博士（文学）。社会学、エスノメソロジー専攻。現在、健康とケアをフィールドとしたアクティヴ・インタビューの実践を目指している。

兼子　一（かねこ　はじめ）
1968年生まれ。近畿医療福祉大学講師。社会学専攻。研究領域は、社会学理論、エスノメソドロジー、宗教社会学、文化社会学、質的調査法 への情報技術の応用。現在、「宗教」的行動を軸に情報技術が人々の社会生活に与える影響を研究している。「信じる」という実践的行為をアクティヴ・インタビューによって記述、分析したい。

倉石一郎（くらいし　いちろう）
1970年生まれ。東京外国語大学外国語学部准教授。博士（人間・環境学）。教育社会学、差別・マイノリティ研究。現在、1950年代にまでさかのぼって同和教育（解放教育）の歴史を再構成する作業に関心を寄せている。その中で新たなインタビュー作業に取りくみたい。

矢原隆行（やはら　たかゆき）
1968年生まれ。広島国際大学准教授。社会システム論、臨床社会学。現在の関心は、男性ケア労働をめぐる職業・性・感情、コミュニケーションとしての社会調査など。

アクティヴ・インタビュー――相互行為としての社会調査

2004年10月25日　第1刷発行
2009年　7月10日　第2刷発行
著　者　ジェイムズ・ホルスタイン＋ジェイバー・グブリアム
訳　者　山田富秋＋兼子一＋倉石一郎＋矢原隆行
発行者　船橋 純一郎
発行所　株式会社せりか書房
東京都千代田区猿楽町1-3-11　大津ビル
電話 03-3291-4676　振替 00150-6-143601
印　刷　信毎書籍印刷株式会社
装　幀　工藤強勝

ISBN978-4-7967-0258-4

THE ACTIVE INTERVIEW by James A. Holstein and Jaber F. Gubrium
Original English language edition published in the United States, London and New Delhi by Sage Publications, Inc.